老板！
核心员工是
这么来的

韩大勇◎著

辽宁科学技术出版社
·沈 阳·

图书在版编目（CIP）数据

老板！核心员工是这么来的 / 韩大勇著. —沈阳：辽宁科学技术出版社，2012.6
ISBN 978-7-5381-7481-6

Ⅰ.①老… Ⅱ.①韩… Ⅲ.①企业管理—人事管理—通俗读物 Ⅳ.①F272.92-49

中国版本图书馆 CIP 数据核字（2012）第 092104 号

出版发行：辽宁科学技术出版社
　　　　　（地址：沈阳市和平区十一纬路 29 号　　邮编：110003）
印　刷　者：沈阳市奇兴彩色广告印刷有限公司
经　销　者：各地新华书店
幅面尺寸：145mm×210mm
印　　张：7
字　　数：160 千字
出版时间：2012 年 6 月第 1 版
印刷时间：2012 年 6 月第 1 次印刷
责任编辑：王　实
封面设计：所　娜
版式设计：于　浪
责任校对：李淑敏

书　　号：ISBN 978-7-5381-7481-6
定　　价：25.00 元

邮购热线：024-23284502
E-mail:ganluhai@163.com
http://www.lnkj.com.cn

前 FOREWORD 言

核心员工不简单

　　现代管理之父彼德·德鲁克（Peter F. Druker）曾经说过，"企业只有一项真正的资源：人"。杰克·韦尔奇也说过，"通用电气公司成功的最重要原因是用人"。我们已步入知识经济时代，这是一个人本经济或者说是人才主权的时代，21世纪最贵的，的确是人才。虽然从一定意义上说，公司里的所有员工人人都是人才，每个人都是企业大厦的一块砖一片瓦，但其中的核心员工的作用却举足轻重。比尔·盖茨曾戏言，如果挖走他的几十名核心员工，那么微软就垮了。

　　美国某著名的企业家说："如果一场大火把我的企业的所有厂房，包括所有的硬件全烧毁了，都不要紧。只要我的重要员工安然无恙，过不了多久，我又可以建立一家强大的企业"。越来越多的企业开始关注核心员工，为了吸引、管好、留住核心员工而不惜任何代价。因为企业已经认识到人力资源的耗费不再是企业主要的成本要素，而是企业主要的资本要素。投资越大，回报才越多。

　　现代企业核心竞争力的形成更是仰仗核心员工的功劳。然而，企业在将经营管理模式从产品导向转入人才导向的过程中，对核心员工的管理却存在着这样或那样的问题，导致核心员工进不来，管不好，留不住。这些成为制约企业效益提高、长远发展以及目标实现的瓶颈，更会使企业在激烈的竞争中难以立足。

　　本书从建立核心员工队伍、管理核心员工、留住并激励核心员工到对其进行个性化管理等几方面入手，旨在帮助企业建构对核心员工的动态化管理体系，让核心员工的才干在企业这个大舞台上尽情展现。总之，只要管好了你的核心员工，那么企业的发展必会如虎添翼。

韩大勇 谨识

目 录
CONTENTS

第五章

培养忠诚的员工

第六章

核心员工的个性化管理

1

第一章

核心员工的动态化管理体系

与其想尽各种招数招聘人才，不如在留住人才上做文章。

——沃伦·巴菲特 伯克希尔·哈撒韦公司董事长

一、认识核心员工

核心员工是指这样的员工，他们的位置难以替代或不可复制，是公司的稀缺资源。他们掌握企业的核心技术，从事企业核心业务，控制企业关键资源，是保证公司经营策略成功的关键人物。他们的工作岗位要求经过较长时间的教育和培训，必须有较高的专业技术和技能，或者要有本行业内丰富的从业经验及经营管理才能。他们是技术专家，是拥有秘诀或有价值知识的人，是有经验的员工，是能为公司带来客户和收入的人。

按照员工在公司的表现及作用的不同，可以划分为 4 类：钻石级员工、铂金级员工、白银级员工以及青铜级员工。

1. 钻石级员工

他们占公司员工总数的 5% ~ 10%，他们是企业这个大舞台的明星，是能够独当一面、挑大梁的人物。面对挑战和复杂的局面他们会奋力而为，交给他们的任务总会得到出色地完成，甚至带来惊喜，因为他们会用较少的时间与较少的资源实现成功。他们远远超出你的期望，能够完成公司的目标，他们是企业最宝贵的财富，他们中会诞生公司的领导者。

2. 铂金级员工

他们占员工总数的 20% ~ 30%，他们是企业的关键员工，如果所分配的工作适合发挥他们的才能，就有升级为钻石级员工的可能，可以称他们为公司成功运行的中流砥柱，他们懂得自我激励，并能动员其他员工，他们是值得聘用的人，因而容易被猎头公司相中，容易被你的竞争对手挖走，所以，他们是你在人力资源管理中特别值得关注的一部分。

3. 白银级员工

他们是占公司绝大多数的员工，占到员工总数的 50% 左右，虽然他们的成绩不如前两者那么耀眼，无法充当领军人物，但他们对公司忠心耿耿，公司工作的正常进行离不开他们的兢兢业业，他们通常是公司的基层员工，是领导者们忠实可靠的追随者。他们与世无争，喜欢按规则办事，害怕失去工作，易受外界影响，因而需要领导的激励。

4. 青铜级员工

这是公司员工中的落后分子，占到员工总数的 10% 左右，他们表现不佳，对企业缺乏认同感与归属感，在公司"混日子"，得过且过，总是抱怨公司的发展方向，对公司领导的指挥总是存在抵触心理，甚至故意破坏人际关系和工作成果，他们只是为了养家糊口而不得不工作。

显而易见，我们所说的核心员工应该指钻石级员工以及铂金级员工的全部或一部分，他们是公司成功运转的领头羊，能为公司创造价值，是公司不断盈利的动力，是塑造公司核心竞争力的源泉。

通常情况下，核心员工拥有较高的学历，较长的工作经历，要么是技术有专攻的专家，要么是客户源广泛的业务骨干，要么是经验丰富的高级管理人才，他们在业内有较深的资历，为大家所承认并尊重。更为重要的是，他们认同公司的企业文化，推崇企业的价值观，具有奉献精神，对公司有较强的满意度与归属感。

他们不仅仅是为了金钱而工作，而是渴望通过对公司的贡献来实现自我价值，获得成就感。一般来说，他们是公司的 CEO（首席执行官）、CFO（首席财务官）一级，是生产、营销、人力资源等重要部门的经理，是高级研发人员以及其他有潜力的高素质员工等。

由于他们的核心地位和优秀表现，会成为你的竞争对手争相"挖墙脚"的对象，因为现代企业的竞争早已转为人才的竞争，谁占有了人才，谁就占有了领先的战略高地。

那么，有的企业为了吸引对手公司中要跳槽的核心员工而收购了对手公司，如此的不惜成本就不足为奇了。难怪美国思科（CISCO）公司总裁所言："与其说我们在并购企业，不如说我们在并购人才。"

由此可见，核心员工的价值不容小觑，如果一家公司无法界定自己的核心员工，无法识别核心员工，管不好核心员工，留不住核心员工，那么，这些自尊心极强的核心员工感到自己不受重视，不能在公司里面大施拳脚，就必将离你而去。而在实践中，他们往往位置特殊，容易积聚企业大量的关键资源，如核心技术、商业机密、顾客关系等，一旦他们离开企业，企业短时间内又找不到合适的替代者，常会发生技术断层、业务停滞、管理失控等状况，就会发生企业运转瘫痪的可怕局面。

二、肯定核心员工

人力资源早已成为现代企业发展的第一资源，在知识经济时代，作为知识的载体，人力资源不仅是知识的生产者和使用者，也是知识产业化的先决条件。

企业在这个瞬息万变的世界里，面临着种种挑战，如引进高新技术，全球化管理模式的变化，改善服务，改进产品质量等，应对这些挑战需要员工的聪明才智，因而人力资源的管理水平直接制约着企业战略的有效实施。人才是企业制度创新与技术创新的源泉，是企业在激烈的竞争下求得生存与发展的法宝。

正如花旗银行总裁沃尔特·瑞斯顿所说，"发现人才，培养人才以及使用人才，是我们实现目标的唯一途径。如果一个机构能够像我们银行一样拥有一大批杰出的人才，那么它就一定能够以 150%的效率运作，而这种效率正是我们实现目标的必要前提。"西方学者曾提出成功企业的三个关键要素或推动力：企业家人才和一流的管理班子、机遇、资源。其中，核心和关键是一流的企业家和管理班子。

所以，一些现代化公司提出，宁要一个能跳 7 米的人才，而不要 7 个跳 1 米的人。这个能跳 7 米的人才就是核心员工。按照意大利经济学家巴莱多的"二八定律"，核心员工集中了公司80%的技术，创造了公司 80%的财富，人数只占了 20%，他们是公司的骨干和精英，他们的去留甚至关乎公司的生死存亡。他们对公司的贡献主要体现在：

（1）促进企业的创新与发展。企业生产力的提高，企业产品的更新换代，离不开核心员工的技术攻关与技术创新。他们直接导致了企业财富和利润的增加。企业经营水平上升，经营业绩提高，企业管理制度的日趋完善，企业制度的创新，都需要有较强营销才能以及较高管理水平的核心员工。

（2）领导企业的团队建设。一个充满活力的企业团队是企业创造价值的不竭动力，而核心员工必然在其中起着核心凝聚力的作用，核心员工会激活团队成员以及整个企业团队的创造力，进而创造企业的最大价值。

（3）防范企业风险。当今时代，社会经济条件瞬息万变，企业时刻面临一系列的风险，如决策风险、经营风险、技术进步风险、市场风险等，如果对这些风险缺乏防范能力，必将给企业带来不可估量的损害。而核心员工通常对风险有敏锐的洞察力以及较强的规避风险能力，他们会为企业运营的"一帆风顺"起到重要作用。

（4）塑造企业文化。企业文化给企业带来经济与社会的双重效益，它是一种管理方法，也是一种象征企业灵魂的价值导向，它是被广大员工认同并遵守的企业哲学、企业理想与企业价值观，倡导精益求精的工作态度与献身事业的生活态度。核心员工是企业的灵魂人物，从一定意义上说，他们的价值观就是企业的价值观，他们的品质、创新精神与责任感会塑造并发展企业文化。先有了卓越的核心员工，才会有卓越的企业文化。

三、管理核心员工

核心员工是如此特殊而又举足轻重的群体，对他们的管理也应是动态、系统而又灵活的。对核心员工的动态管理体系首先要从规划核心员工队伍入手，因为核心员工队伍规划是联系企业战略目标与核心员工管理之间的纽带。

核心员工规划是制订获得并利用核心员工的决策的过程，它把核心员工作为企业的一种重要资源，分析企业目标并规划实现目标的核心员工资源，从实现企业目标的过程中核心员工应该发挥什么作用的角度来审视企业目标和资源获取过程。

四、规划核心员工队伍

既然核心员工对企业非同小可，企业就应制订相应的核心员工管理战略和计划，并使之有效实施。规划核心员工队伍是人力资源规划中人才规划的重要组成部分。规划核心员工队伍就是要在与企业战略目标保持一致的情况下，分析企业在环境变化中的人才需求状况，确保核心员工在各个岗位上的数量与质量，同时注重员工自身需求的满足与目标的实现。核心员工队伍规划的内容包括发现、寻找、吸引、培养、保留并激励核心员工等。

规划核心员工队伍的必要性体现在：社会经济条件变化迅速，竞争者层出不穷，产品服务与产品质量需求不断变化，企业为最大限度地规避风险，必须保证核心员工队伍规划与之配合。如果缺乏规划，会出现对核心员工引进不足、开发不够，从而导致重要岗位的空缺，或者核心员工过剩造成资源浪费，或者核心员工大量离职，企业匆忙招聘导致成本提高以及企业运转失控。

1. 核心员工队伍的规划要点

首先，规划核心员工队伍是以企业的总体战略目标及人力资源管理战略目标为前提的，即核心员工队伍规划是实现企业战略目标的计划，随企业战略的发展变化而变化，不能与之发生冲突。

其次，核心员工队伍规划受环境因素制约，大环境如外部的政治、经济、法律、文化等发生变化，小环境如企业内部的战略调整与目标的变化，核心员工队伍规划都必须随之变化，处于不断分析和预测的调整之中。

再次，核心员工队伍规划必须具有可行性。即招聘计划、培养计划、激励计划等都必须切实可行。这表现在不能与企业其他部门政策相抵触，只有与企业总体计划及各部门计划协调一致，才能保证规划的有效实施。

最后，核心员工队伍规划要关注核心员工自身目标的实现。企业对核心员工的调动、晋升、培养是否符合其自身的职业生涯计划，是否实现了核心员工的发展目标，企业必须与核心员工"同呼吸，共命运"，那种只为满足企业发展而不顾核心员工需求的规划必会受到核心员工的排斥，这样的规划也必会变成执行不了的一纸空文。

核心员工队伍规划的总体目标是企业绩效的提高，核心员工素质的进一步提高，核心员工数量的变化保持合理幅度且核心员工满意度提高。

具体说来，在对核心员工的引进方面，要使核心员工的类型与岗位匹配，核心员工队伍的结构改善，从而带动企业业绩水平的提高；在对核心员工的培养方面，一是通过培训不断提高核心员工的素质，二是注意储备人才的保有量，使之与核心员工的数量比例恰当，素质能够衔接，防止断层现象的发生；在对核心员工的激励方面，充分考虑核心员工的价值优越感与更高的心理期望值，制订有别于普通员工的激励措施，挖掘核心员工的最大潜能，从而凝聚企业的核心竞争力。核心员工队伍规划的目标必须是明确的，并与企业的目标交相呼应。

2. 核心员工队伍规划时的注意事项

（1）核心员工队伍规划的建立与实施要有一个合适的领导者

这个领导者必须对企业的整体战略目标有一个清晰的认识，认同企业的各个战略步骤尤其支持核心员工队伍规划。

对于许多跨国公司而言，找到这样一个本土化领导者对于规划的实现至关重要。华纳公司在泰国已经有三十多年的历史，处于绝对的领导者地位，人才储备也丰富。但来到中国后，由于熟悉西方现代管理的人才还不是很多，只能聘用外籍或港台人士。而外籍人才往往能够完成业务目标等硬性目标，对于一些软性目标，如规划组织、培养人才、建设管理梯队等就心有余而力不足了。

于是，华纳公司在中国加快了培养本地管理人才的步伐。亚洲区域一体化的战略方向也要求中国的管理人才加入到区域组织中来，华纳已经清楚了公司的战略要求和组织人才现状的差距。于是，新的亚洲区运作总监来到广州的第一件事就是明确地提出亚洲区域一体化的问题，他的这个愿景很重要，并且他认同把人才规划体系作为实现这一目标的核心工具和途径。

（2）核心员工队伍的规划领域可宽可窄

在做核心员工队伍规划时，可以根据企业的自身情况，如企业性质、规模大小、组织形式等来确定核心员工队伍规划的宽度。可以选择只涉及一两个领域的较窄的规划，如只制订招聘和甄选计划；或者选择中等宽度的规划重点，如招聘、甄选与培训发展计划；再者也可选择宽度较大的计划，如涉及招聘、甄选、培训与发展、激励、安全与健康等。

不管选择何种宽度，必须考虑到其对企业的适用性，不可刻板地照搬别人的经验，以免"水土不服"。

（3）设定核心岗位

对核心员工队伍的规划就是要给核心员工每人一个坐标，这样才能体现出每个核心员工独特的、不可替代的价值，而这个坐标就是岗位。针对核心员工的岗位我们可以称之为核心岗位。

核心岗位并不都是指公司的高级职务岗位，还要考虑外在市场因素。如果某个核心员工是市场紧缺人才，培训成本高，时间长，那么这个核心员工所在的岗位就是公司的核心岗位。当然，市场瞬息万变，今天是核心岗位，明天也许就不再是，所以在设定核心岗位时必须高瞻远瞩，做好后续人才储备与接班工作，让核心员工在核心岗位上待得住也退得出。

（4）对核心员工队伍规划的前瞻性

如果说对一般员工的规划可以是务实的，那么对核心员工的规划就必须更具前瞻性，要快人一步。因为核心员工队伍是核心竞争力的象征，如果对他们的培训落后一点，就有可能被竞争对手远远地甩在后面。

企业应做出一张表格，列出每个核心员工的职责、技能及素质等，为以后的晋升与培训做好准备。一旦时机成熟就马上行动，这样就会占得先机，保持行业的领先地位。

例如，20 世纪 80 年代，美国某大型汽车批发商决定每个管理人员和办公室人员都应该有一台个人电脑，这项决策需要制订相应的培训计划，从而确保这些人员具有计算机相关知识。在订购计算机之前，这种培训需求就被预测到了，于是建立培训计划并投入资金，公司一发出计算机的订单，培训计划立即执行。核心员工被派去参加脱产培训，等订购的计算机一到货，他们还可以培训其他员工。

那么，核心员工队伍规划的内容到底包括哪些呢？在综合分析了企业需求、一系列外部因素及内部供给的情况下，就要对核心员工进行定性和定量预测，然后制订实施计划，包括建立核心员工队伍，留住并激励核心员工以及对核心员工的个性化管理等。

①对建立核心员工队伍的规划

建立核心员工队伍主要包括吸引核心员工、识别内部的核心员工以及培育核心员工三个方面。

首先是对吸引核心员工的规划。这主要涉及员工招聘中对核心员工的引进。这方面的规划包括确定企业需要的核心员工类型与数量、招聘方式，企业是否为核心员工提供与其职位相符的报酬与待遇，企业如何吸引最优秀的核心员工，如何降低招聘成本和提高招聘效益等。

其次是对企业内部核心员工识别的规划。如何界定企业员工中的核心员工，确立一系列的标准与参数，需要一个完整的计划。规划做得好，才会为企业针对核心员工的晋升、调动做好准备。不同企业对核心员工的界定各有不同。比如，日本强调"用人唯才"，不讲出身、学历，重在能力。

美国某银行把握3大标准：人际交往能力与数学技能，为客户服务意识，专业能力与可靠性。再如资历，一般也是核心员工的特征，即核心员工从业时间较长，从业经验丰富并有所成就。某投资公司选拔总裁时就要求两大优势条件：在本公司各部门都任过职的广泛阅历，在零售经纪人部门当过领导人的经历。

最后是对核心员工的培养计划，开发与培养核心员工是核心员工队伍规划的重要组成部分。对核心员工的培养应与一般员工区别开来，其地位更为重要，应更具先进性，对核心员工的培训规划包括培训内容、培训方法、培训模式的选择，培训程序的实施等。比如某美国公司的培训内容就包括管理、开发技能，技术能力与知识，监督技能，客户关系，执行开发等。

②对留住并激励核心员工的规划

对核心员工激励的规划不仅涉及一系列激励原则、策略与方法，还涉及了企业建设的大环境，如企业实力的提高，企业文化建设等。

可见规划核心员工队伍可谓"牵一发，动全身"，更加验证了核心员工就是企业核心竞争力这一真理。核心员工的去留与否，核心员工在企业的受激励情况，对企业的满意程度，在一定程度上反映了一个企业的发展前途。

首先是对留住核心员工的规划。核心员工的高价值性决定了他的高期望值以及职位的更多选择性。任何企业都面临着被"挖墙脚"的危险。当你的核心员工向你递交辞呈时，你该如何做？

这里若有一套行之有效的规则，便会解决这一难题，不管是用情感留人、待遇留人还是事业留人，规则要具有针对性，不可一刀切，要符合核心员工的性格特征、价值取向等。如果方法用尽仍不能奏效，就只能接受"天要下雨，娘要嫁人"的事实，规划将核心员工的离职损害降到最低。

其次是对激励核心员工的规划。核心员工是企业的灵魂人物，对他们的激励要不惜成本并形式多样。最重要的是要关注核心员工的真正需求，无论是外在需求还是内在需求，物质需求还是精神需求，而且在满足这些需求时要注意策略与方法，以免造成无效激励甚至适得其反。

最后也是最重要的一点，留住核心员工的规划最核心的一点是培育核心员工对企业的忠诚度与归属感，让核心员工对企业"死心塌地"、"忠贞不渝"，就会出现高薪也挖不走的最好结局。

③对核心员工个性化管理的规划

对一般员工的规划也许到前面员工激励这一层就终止了，但对于核心员工的管理就需要再升级一个层次——"个性化管理"，即针对核心员工的不同特点设计不同的管理方案。虽然这会提高规划成本，但对于核心员工的投资是会有高回报的。

对核心员工的个性化管理首先体现在对其"文化管理"上，

即用企业文化来影响、培养进而管理核心员工。

这里的规划其实从招聘那一天就已经开始了，因为招聘吸引的核心员工必须与企业的文化相融合，高度认同企业的核心价值观。如果企业从开始招聘进来的核心员工是与企业文化格格不入的，其价值观是与企业相抵触的，那么所谓的文化管理就是空谈。核心员工适合企业文化，文化管理就容易得多，甚至放之任之，核心员工也会兢兢业业，因为他已与企业融为一体，他的全身心奉献是心甘情愿的。

当然，在这里我们假设企业文化已经建立成型并未改变，并且是与在招聘时对核心员工宣扬的相一致，否则，核心员工一旦就职后发现所谓企业文化是虚假的，那么后果一定是企业不愿看到的。由此可见，规划核心员工的文化管理主要取决于企业文化的建设情况及类型特点，企业一定要雇用适合企业文化的核心员工，然后是对核心员工的个性化管理方案的规划。

这是一个既简单又复杂的工程。说它简单，是指个性化管理顾名思义就是针对每个核心员工的性格特征设计不同的管理方案。因为每个核心员工的性格特点、受教育程度、生活经历、价值取向等各不相同，根据每个人的不同特点设计的个性化管理方案能从根本上激励甚至感动核心员工，使其更加忠心耿耿地坚守岗位，发挥最大潜能。说它复杂，是因为这是一件烦琐的事情，需要投入大量的人力、物力和财力，并做好系统的调查与研究，但这样做的效果明显，核心员工的满意度会提高，对企业的归属感增强，企业的核心竞争力会增强。

这样的规划方案极具针对性，真正把核心员工当做"内部客户"。所以，应该把核心员工的个人信息与相应的个性化管理方案列为"VIP"档案，由人力资源部的专人负责，指定保管、实施、改进等。总之，不管是规划"文化管理"还是"个性化管理方案"，其目的都是留住和用好核心员工，保证核心员工队伍的强大。

2

第二章

建立核心员工队伍

那些成功实现从优秀到卓越转变的公司的人士心里十分清楚,任何卓越公司的最终飞跃,靠的不是市场,不是技术,不是竞争,也不是产品。有一件事比其他任何事都举足轻重:那就是招聘并留住好的员工。

——吉姆·科林斯 世界著名的管理专家及畅销书作家

如前所述，建立核心员工队伍是规划核心员工队伍的首要环节，也是留住、激励核心员工以及对其进行个性化管理的前提条件。如果在建立核心员工队伍这个环节出现问题，如引进了不适合企业文化的核心员工，将一般员工误认为核心员工，或对核心员工的培养失败，那么所谓管好核心员工就无从谈起，核心员工的动态化管理体系更是失去了建立的基石。

然而，大多数企业却往往只在乎怎样更好地利用人才或留住人才，为企业创造更大的效益。殊不知最基础的选人工作都做不好，所建立的部队根本不是精英部队，或者虽是精英，但却不是适合企业的部队，那么对人才管理的后续工作就很难有效地开展。对于企业核心员工的引进和培养更需要借企业一双慧眼，要把真正的核心员工看得清清楚楚，明明白白。

企业要有"众里寻他千百度"的态度与毅力，更要有发现"那人却在灯火阑珊处"的能力。千里马常有，而伯乐不常有，企业都希望作伯乐，把所有的千里马都招至麾下，但伯乐识别千里马需要什么样的方法呢？又有什么样行之有效的技巧呢？招进千里马，是不是就可以放之任之了呢？还需不需要对其进一步栽培，将其变成"万里马"为伯乐驰骋疆场呢？而这又需要怎样的策略呢？

建立核心员工队伍就是要企业识别自己的千里马，招进适合自己的千里马，组建成自己的精英部队，然后进一步训练千里马，强大精英部队。千里马跑得越快越远，你的收益越大，竞争力就越强。人才竞争，人才之战，从建立你的核心员工队伍开始。你必须端正态度，并使出你的浑身解数。

具体说来，对建立核心员工队伍的规划分为三个步骤，即吸引、引进核心员工，识别核心员工与培育核心员工。

吸引、引进核心员工就是企业要把自己塑造成吸引千里马的伯乐。千里马都愿"择良木而栖"，而当今的企业竞争已演化为人才竞争，不但千里马常有，伯乐也常有，千里马与伯乐之间的关系已由卖方市场变成买方市场。伯乐挑千里马，千里马也挑伯乐，千里马之间存在竞争，伯乐之间的战场更是如火如荼。伯乐只有先具备足够的魅力，让广大的千里马加入其候选人的队伍，那么下一步伯乐相马、伯乐牵马的工作才能开展。否则，伯乐无马可相，又何谈精英部队的组建。

识别核心员工就是伯乐相马的过程，不同的伯乐对千里马会有不同的判断标准，因为不同的伯乐有不同的需要。不选贵的，只选对的，跑得最快的千里马也许不是伯乐想要的千里马，也许不要最好的，但一定要最合适的。确定了标准，就要对千里马进行甄别，在这里不仅指从外部市场引进，也要从伯乐现有的马队中识别出成长起来的千里马。二者虽然可能由于情境不同，而使用的方法不同，但二者都同等重要，有时对某些企业来说，也许内部的"选秀"更加意义重大。所以，企业不可有"外来的和尚会念经"的错误观念，从而挫伤内部员工的士气。

培育核心员工是建立核心员工队伍的最后一个也是极为重要的一个环节。企业的培训功能可以将"准千里马"变为真正的千里马。怎样找出企业内部的这些"潜力股"，又怎样针对他们进行雕琢，加快其由丑小鸭变成白天鹅的蜕变过程，这些都是企业要悉心规划的课题。而对由千里马组建起来的精英部队也不能放松训练，以免其"不进则退"。当然，对核心员工的培训必然与一般员工有所不同，不论是培训级别还是培训成本都要比一般员工高出一个或几个档次。对千里马训练得好，不仅可以使其跑得更快，也可使其对伯乐更加死心塌地，任劳任怨，全心奉献，那么，这无疑是伯乐想看到的最好结果。对这三个步骤都要谨慎为之，只有把好建立核心员工队伍的第一道关口，才能为留住核心员工作出保证。

一、吸引、引进核心员工

吸引、引进核心员工应该是建立核心员工队伍的基础性工作，它包括吸引核心员工与引进核心员工两个方面。吸引核心员工主要指企业是否具有足够的吸引力来引进核心员工以及怎样才能更具吸引力。引进核心员工则指通过什么渠道引进核心员工及使用何种引进方法最为有效。

1. 吸引核心员工

核心员工的不可复制性与稀缺性决定了他们是人才市场上企业竞相争夺的对象，也是猎头们眼中诱人的猎物。针对核心员工有别于一般员工的需求，企业必须使自己对他们更具吸引力。可以说，这已经到了一个千里马与伯乐相互选择甚至千里马相伯乐的时代。

对于核心员工来说，更是如此，因为他们有更高的市场价值与更多的伯乐选择。千里马是否愿意跑到你面前让你相，就要看你伯乐的能力了。那么，千里马通常喜欢垂青什么样的伯乐，到底什么样的企业才对核心员工更有吸引力呢？

首先，这家企业要有良好的声誉。如果是知名跨国公司，大型名牌企业最好，这样的企业会使核心员工有自豪感，他们会骄傲地告诉别人自己在这里工作，这也是名企能积聚大量顶尖人才的一个原因。即使不是名企，那也一定要有较好的外界评价，即使没有很好的外界评价，那也至少没有坏的名声，核心员工不会应聘到让自己感到"跌身价"的企业。

也就是说，企业要树立自己的招聘品牌，招聘品牌是借用了企业市场营销中产品品牌的概念，优秀的产品品牌会在顾客心中树立起长久的信赖的形象，一提到这一品牌就会使顾客联想到其优质的产品质量以及完善的服务等。同理，企业要打造出自己的招聘品牌，使应聘者相信在这样的企业中工作，可以有让人满意的薪酬待遇、舒适的工作环境、透明的人际关系、积极向上的企业文化以及广阔的个人发展空间等。

例如一些名企就有自己的招聘品牌，西南航空公司的"员工心情好，顾客才能心情好"，通用电气的"不断改进管理，方能长盛不衰"。所以，当一家企业准备吸引核心员工时应该先扪心自问，自己的招聘品牌如何？如果这块牌子不够响亮，核心员工就会投入对手的怀抱。

当然，树立招聘品牌除了企业自身实力外，还有一些方法与技巧问题。比如充分利用招聘广告的感染力，可以通过招聘网站、报纸以及其他的媒体等渠道发布。

广告形式可以丰富多样，生动活泼，能够使应聘者眼前一亮或会心一笑，如国外一个滑雪板制造商的职位说明的片段："我们热衷于产品的研究与开发，我们将继续居于行业的领先地位；不过，在这个公司更重要的事情是——滑雪，我们大家都想方设法到山区出游，而且到山区度假地去参加新手培训课程时为不滑雪找个借口是很难的。"可以想见，这样的招聘广告会比枯燥的职位描述更具吸引力，尤其是当应聘者又恰好是一名滑雪爱好者时，那么他是很难拒绝这样的一家企业的。

企业在招聘核心员工时，在具备一定实力的基础上，再对招聘广告进行适当包装会起到意想不到的效果。思科公司就利用网页建造声势，他们发现吸引英才最好的办法是鼓励他们来找你。

思科公司是一个富有竞争力的巨人企业，它运用游击战术来提高自己的形象。思科公司的建造声势战略目标针对其产品的主要市场：国际互联网本身。该公司的网址已成为强有力的招聘工具。想到思科公司找工作？你可以通过关键词，检索与你的才能相匹配的空缺职位，也可以发送简历或利用思科公司的简历创建器在网上制作一份简历。

最重要的是，该网址会让你和其公司内部的一位志愿者结成

"朋友"。你的这位朋友会告诉你有关思科公司的情况，把你介绍给适当的人，带你完成应聘程序。但是，思科公司网址真正的威力，不在于它让求职者行事更快捷，而在于它把公司推介给那些满足于现职、从未想过在思科工作的人。

思科公司不断提出该网址访问者的报告，并据此调整其战略。比如说，公司了解到大多数访问者来自太平洋时区，时间在上午 10 点到下午 2 点之间。因此得出结论：许多人在该公司办公时间寻觅工作机会。为此，思科公司正在开发一种软件，以方便这些偷偷摸摸找工作的人。

这种软件让用户点击下拉菜单，回答问题，并在 10 分钟内介绍个人概况。它甚至还能替他们打掩护。如果上司正好走过，用户只需击一下键就能激活伪装屏幕，把原屏幕内容转换成"送给上司和同事的礼品单"或"杰出员工的 7 种好习惯"等。成功运用一些技巧，会帮助企业吸引更多的有用人才。

其次，企业文化的类型如何，是等级森严还是宽松民主。如果企业文化先进，就更容易吸引核心员工。许多跨国公司、大型名企正是依靠以人为本、独具特色、高效优秀的企业文化来广纳良才。因为从一定意义上说，企业文化的优劣是代表企业竞争力强弱的标志。优秀的企业文化造就优秀的企业，优秀的企业一定具有优秀的企业文化。

再次，企业对核心员工的职业生涯设计如何，能提供给核心员工多大的发展空间，这是核心员工极为看重的一点，甚至重于对高薪的需求。因为核心员工的需求层次一般都是高级需要，薪酬待遇已不能给他们带来更多的激励，他们迫切需要满足的是尊重与自我实现的需要，而职业生涯设计可以满足他们这方面的需求。许多名企的高管离职就是因为看不到自己的发展空间。

其实，对核心员工职业生涯的设计不应从其入职后才开始，最好的做法就是，企业在招聘时就为核心员工描述出职业生涯设计的大体轮廓，因为在面试核心员工时不但要告知其企业的愿景、企业文化，还要让核心员工看到自己能否以及怎样与企业目标契合，与企业文化相融。职业生涯设计是一种很好的方式，也是企业吸引核心员工的一个很重的"砝码"。

能够在应聘时就预见到自己广阔前途的核心员工一定会对企业动心。当然，一旦核心员工入职，企业就要将他的职业生涯设计付诸实施，不能不讲诚信，搞虚假承诺。职业规划促成企业和员工的双赢。

房地产巨擘万科公司认为，"一个没有主见的人，连自己喜欢什么，想做什么都不知道的人，是不会受企业青睐的。"一个人应该对自己未来的发展目标有个相对明确的认识，万科更青睐那些在自己的职业发展方向上有清晰思路的人。如果你做自己并不真正喜爱的工作，必然不会长久。

企业和人才的发展，要协调、追求双赢，要对员工和企业都有好处。一方面企业靠人才实现发展，与此同时帮助员工更好地实现自我成长。此外，一家大企业作为一个内部人才市场，员工在一定的时候可以有机会选择尝试另一个岗位。

如果新员工在万科的某个职位已经稳定了两年以上，人力资源部在做职业规划调查时，会问你最想做的事情是什么，你最擅长做的是什么。根据员工的爱好和特长，帮助员工选择更适合自己的职业。最后，薪酬不是最重要的但也绝不是不重要的。虽然说核心员工不再仅仅为金钱而工作，其低级需要已不再是占支配地位的需要，但不是说生理需要、安全需要就消失了，它们极有可能在某些时候与高级需要发生重叠甚至占主导地位，所以高薪挖人在普遍意义上还很奏效。而且如果薪酬过低一定会挫伤核心员工的积极性，因为高薪一定程度上是核心员工的地位和能力高人一等的"标签"，是与一般员工的区别，是其高市场价值的体现。

2. 引进核心员工

引进核心员工有许多渠道，如招聘广告、职业中介、猎头公司、员工推荐、校园招聘等。

招聘广告可以宣传企业的招聘品牌，吸引优秀的核心员工主动找你，同时也是为企业自身打广告的一种有效方式。做招聘广告要注意选对媒体，是选择网站还是报纸要根据企业自身情况做出可行性分析。职业中介有一系列专业化操作模式，也许会帮你找到你需要的人才。而猎头公司一般汇集各个企业大量高级技术人才、高级管理人才以及销售人才等核心员工资源，是企业引进核心员工不错的选择。员工推荐的核心员工因为有内部员工的信誉作保证，因而有较强的可靠性。校园招聘是很多大企业的选择之一，他们看重毕业生较好的学历背景，较强的可塑性等，是企业储备人才很好的人选。

企业在选择招聘渠道时，通常会综合考虑企业战略、企业形象、当前员工状况、招聘预算、外部环境等各个要素。而通常情况下，选择外部招聘是一些有着较高声誉的大型企业或处于快速成长期的企业，他们的企业文化较为稳定与先进，希望引进新员工带来新观点，给企业增添活力，不怕外部人才对旧有文化的冲击，而且大企业招聘预算充裕，招聘地带的外部法制环境良好，人才供给充足，信用良好。

不管何种渠道，这种外部招聘与内部招聘相比，有其优点也有缺点。优点主要有：它可以为企业带来新观念，拓展企业视野，为企业注入新鲜血液。如果企业长期只从内部提拔核心员工，必会导致企业文化的僵化，难于创新。

所以，当一家企业的企业文化较为保守滞后，需要发展企业文化时应采取外部引进人才战略。而引进核心员工与引进一般人才不同的是，核心员工更容易带动企业文化的创新与发展，与企业文化产生良性互动；外部招聘的另一优点是可以直接招聘到符合学历与经历要求的人才，可以节省培训费用。

人才市场上的核心员工一般都是高学历高资历人才，他们有企业所需的专业背景与从业经验，直接引进核心员工会节省对内部员工的教育培养成本。外部招聘还有一大优点就是能够在一定程度上规避内部竞争者关系紧张等不良现象。企业内部的晋升机制在激励员工的同时，也会使内部员工之间产生紧张的竞争关系，不利于团队合作，影响企业的发展，而引进外部员工则可以从一定程度上缓解这一紧张气氛。许多跨国公司搞本土化战略，就是从公司外部引进本土化管理人才。

飞利浦（中国）公司计划在3~5年内培养或引进100位总经理级的本地人才，他们将广泛分布于飞利浦公司在中国的35家合资企业及公司总部。据介绍，目前飞利浦（中国）公司的高层职位中仍有许多外籍人员，中国本地人才约占30%，尚属少数派，这是由于本地人才暂时供应不足。公司的长远目标是实现人才的本地化。飞利浦计划在今后5年内将这一比例提高到50%。

100位总经理级人才还只是飞利浦对高级管理人才的渴求，与此同时，飞利浦还需要更多的基础层面和中间层面的人才，以构成金字塔形的人才结构。当然，引进核心员工也会有其缺点：如可能未选到合适的人或选错了人，即使层层把关，由于招聘官的素质水平与个人偏好，核心员工的面试发挥等因素的影响，依然存在选错人的风险，这时会给企业带来招聘成本的损失。如果招进的核心员工工作了一段时间又离开，那么与选错一般员工的情况相比，给企业的损害更大；有时候，从外部引进核心员工还会打击内部候选者的士气。

内部核心员工也许一直期待着某个晋升机会以及更大的发展空间，而企业从外部引进人选，会挫伤内部核心员工的积极性甚至带来更坏的其另谋高就的后果。另外，从外部引进核心员工还有一大弊端就是其往往需要较长的"环境磨合期"。即使企业招进的核心员工认同企业的价值观，能够与企业文化相融，但其与环境的磨合，人际关系的融洽，团队配合的默契都需要时间。企业需要付出更多的时间成本，需要耐心地等待，同时还要承担其可能磨合失败的风险。

引进核心员工肯定需要承担一定的风险，其缺点应尽力克服，如为了缩短核心员工入职后的文化融合期，可在招聘时关注那些曾在与本企业的文化相似的企业就职过的人才，或者加强与核心员工有关企业文化的沟通，又或者通过心理测试、情景模拟等方式来检测核心员工对企业文化的认同程度。而对于士气受挫的内部候选人要及时给予激励与安抚，告诉其机会依然存在，进一步确认其职业生涯设计的实施情况等。如果外部招聘的缺陷不能克服，那么可以再用内部提拔的手段弥补。

总之，外部招聘与内部招聘各有长短，而外部招聘的优越性是内部招聘不能取代的，尤其对于大型企业、跨国公司的发展来说，引进核心员工要比内部提拔更加有利。这其中的关键是企业要根据自身情况，选择合适的招聘渠道，引进后要妥善处理好善后关系，使对外部引进核心员工的运用能扬长避短，使企业广纳良才，壮大自己的精英部队。

二、识别核心员工

在建立核心员工队伍的过程中，不论是从外部引进还是内部提拔，首先要对核心员工做一个准确的界定，如果误把一般员工当做核心员工，或忽视了核心员工的存在都将给企业带来损失。

对核心员工的识别是在明确了核心员工的特征之后，对招聘员工进行识别，加上对现有员工的鉴识，将真正的核心员工纳入核心员工队伍，共同打造企业核心竞争力。

伯乐相马一定会有伯乐的标准，掌握了这些标准，也许你就会变成伯乐，找出千里马。那么，到底什么样的马才算千里马呢？千里马与一般马相比有什么特征？又怎样确定一匹马算不算千里马呢？伯乐速成法就是要告诉你千里马独特的"标记"，把你迅速地变成伯乐，去找寻你的千里马。

核心员工的特征就是千里马的标记，这是你识别核心员工的前提。掌握了伯乐速成法的秘诀，成为了一位伯乐，接下来你就可以去识别你的千里马了，看看你的慧眼能不能识别出你的英雄，这是指在招聘核心员工的过程中，怎样通过各种方法来判断应聘者是不是你要的核心员工。

衡量需要从核心员工的软硬件一起入手，并需要借助一定的技术手段和测试工具。其中最重要的一点是考察核心员工与企业文化的相融程度。最后，别忘了惜取眼前人，即珍视你的企业内部现有的核心员工，不可一味只顾及外部引进的核心员工，认为"外来的和尚会念经"，从而"有了新朋友，忘了旧朋友"。对现有核心员工的鉴识比招聘外部员工容易得多，因为其在企业中一步步成长起来，企业对他们的成就与能力可以更加直观地"看在眼里，记在心上"。

那么企业中哪些员工才算是核心员工呢？这其中也有一些具体考核的方法。企业要充分重视对现有员工的识别，让外部招聘的核心员工与企业现有的核心员工一起共同壮大你的核心员工队伍。

1. 伯乐速成法

俗话说："千里马常有，而伯乐不常有"。企业想要招到核心员工这匹千里马，就必须练就伯乐的"火眼金睛"。其实，只要掌握了千里马那与众不同的个性，人人都能变成伯乐。核心员工与一般员工的区别还是明显的，首先从量上说，核心员工占员工的少数，是企业的稀缺资源。按"二八定律"，他们通常只占员工的20%左右，但却为企业创造着80%的价值。

一家企业不可能人人都是核心员工，所以，在整个企业员工构成的金字塔结构体系中，你需要从金字塔的顶端，即比例最小的那部分找寻他们的踪影。他们是员工中的少数的活跃分子，他们构成企业的精英部队，他们虽然人数少却力量大，一般身居企业的要职，位高权重，他们的一举一动，他们的去留在某种程度上能影响着企业的发展甚至决定着企业的生死存亡。从质上说，他们的综合素质较高，一般具有高学历、高资历的特征，专业技术精湛，管理水平高超，销售业绩卓越，他们从业多年，经验丰富，他们的成绩为业内所承认，他们的大名在业内掷地有声。

在企业中，他们通常控制着企业的关键资源，如专业技术、客户关系、商业秘密等。他们是一种难于复制或替代的智力资源，他们对企业目标的实现至关重要，企业在短时间内难以找到他们的替代者，因而所有企业都为了留住他们大伤脑筋。再从他们的价值取向上看，他们工作不是"一切向钱看"，他们的低级层次需要一般都已得到满足，因而其高级层次的需要占据主导地位，企业对他们来说不再仅仅是一个饭碗，而是发展自我的平台。他们在乎企业对他们是否尊重，他们更关注个人发展空间与个人价值的实现，他们希望认同企业的价值观，他们很讲究与企业文化的融合性。

他们具有价值优越感，这种优越感基于前述的高素质与稀缺性，因而他们有比一般员工更敏感的自尊心与更强烈的受尊重的需求。另外，他们在企业中，职务与社会地位高于一般员工，因而薪酬待遇、人际关系交往层次等都比一般员工高出一个或几个档次。核心员工还有一个重要特征就是其流动率高，他们是企业竞相争夺的目标，是猎头眼中诱人的猎物，因而他们具有极高的市场价值，他们有更多的工作与职位选择，他们不怕没有伯乐相识。他们一般具有较高的专业忠诚度却有较低的企业忠诚度，常会因与领导一言不合就拂袖而去，另谋高就。

企业都把对他们的激励与管理视为人力资源管理的重中之重，企业家要亲自把关，目的都是要留住他们，让他们对企业

"死心塌地"，"忠贞不渝"。此外，不同的企业有不同的核心员工标准，有不同的最看重的素质。

例如诚信品质是名企用人的一个基本点和出发点，也是首要原则。名企在聘员工时，"诚信"是最被看中的东西，如果应聘者品行不符合公司要求，就算专业水平再高，工作能力再强，企业也不会录用。

著名的宜家公司特别不能容忍欺骗，他们如果发现员工有存心欺骗公司的行为，就毫不留情地将其扫地出门，并且不会再给他们第二次机会。而且名企用人不仅看他是否能胜任现任工作，更重要的是要有创新精神。微软公司宁愿冒失败的危险，任用曾经失败的人，也不愿要一个处处谨慎却毫无建树的人。

英特尔公司在高校招聘时，更喜欢招各科虽是3分，但富有创意，最好完成过颇有新意项目的学生。正是凭借这种冒险精神和创新意识，使得微软和英特尔能够成为计算机业中的"蓝色巨人"。

具体从技术层面来说，确定企业的核心员工的人数与名单还有一种工具方法，即因素评分法。它分为四个步骤，第一步，进行工作分析，对所有职位做等级划分；第二步，确定各职位的评价要素，如任职要求，职责大小等；第三步，根据重要程度，给每个评价因素确定权重；第四步，给每个职位的每个评价因素打分并汇总出最后得分。根据最后分数大小排序，确定企业核心员工的比例和具体名单。用这种方法可以把企业的核心员工具体到量，具体到人，为下面针对核心员工的一系列管理打下很好的基础。

2. 慧眼识英雄

现在你已经是伯乐了，那么你是否能在招聘时独具慧眼，在众多应聘者中识别出你的核心员工呢？

这首先取决于你需要的核心员工应当具备哪些素质，考察这些素质又需要怎样的方法与技巧，最后的招聘结果还与面试官的水平以及个人因素相关。而考察核心员工与企业文化的相融性是招聘工作的重中之重。

对于核心员工的识别可以从硬件和软件两方面入手。

硬件一般可以从其简历中体现出来，企业主要考察应聘者是否具有相应的专业背景以及从业经验，主要成果有哪些，其技术水平或管理能力能否与企业的空缺职位相匹配，对简历的筛选相对容易，不需要过多的技巧，企业不会太多地在这个环节出现差错。

如果硬件上各项符合企业的需求，则要继续对应聘者进行软件考察，这要通过面试过程体现出来，可以通过与应聘者的交谈以及一系列的科学测试或者情景模拟来考验其沟通能力、团队精神、服务意识、创新能力等。

对应聘者软件的考察，首先要确定企业最看重的核心员工的素质是什么。核心员工一般要具备七项才能要素：负责的行动，创新的精神，坦诚的沟通，周详的决策，团队精神，持续学习的态度以及有效的程序管理。

你所招聘的核心员工必须是诚实守信，能够适应变革，埋头苦干，并且具有进取心的人才。然而不同的企业有不同的核心价值观，对核心员工的核心素质要求也会有所不同，有的企业更看重团队精神，有的注重创新能力等。对核心员工软件的考察就要围绕企业最想要的素质展开。

考察方式可以是面谈，通过与应聘者的沟通来直观地观察其个性特征、气质类型、沟通能力等；也可以是心理测验的方式，科学地判断应聘者的行为特征、价值倾向以及不易发觉的潜能；又或者可以通过情景模拟的实战演习考验应聘者的应变能力、团队意识以及领导才能等。麦肯锡公司在招聘员工时最注重分析能力。他们总是在寻找具有分析思考能力的人，他们可以把问题分解成几部分。

麦肯锡想要知道的是他们如何把问题组织起来的证据。同时还要看其商业判断能力，以及这个人对他自己的解决方案的含义的感受。这也是麦肯锡为什么总喜欢用案例的原因。

案例是麦肯锡在面试时进行挑选的武器。它们的范围从一般的麦肯锡实际案例的翻版到一些稀奇古怪的类型都有。例如"美国有多少加油站"、"为什么下水道的盖子是圆的"。在一个进行面试的例子中，面试者想看的是被试者看待问题的能力，而不是回答的正确与否。

像绝大多数商业问题一样，不存在什么真正的答案。要想在案例面试中获得成功，要求必须把问题分解成各个部分，并且在必要的时候做出合乎情理的假设。例如，在计算美国的加油站的数目的时候，你可能要从问这个国家有多少小汽车入手。面试者也许会告诉你这个数字，但也有可能说："我不知道。你来告诉我"。那么，你对自己说，美国的人口数量是 2.75 亿。你可以猜测，如果平均每个家庭（包括单身）的规模是 2.5 人，你的计算机会告诉你，共有 1.1 亿个家庭。面试者会点头同意。你回忆起在什么地方听说过，平均每个家庭拥有 1.8 辆小汽车（或者是 1.8 个孩子），那么美国一定会有 1.98 亿辆小汽车。现在，只要你算出替 1.98 亿辆小汽车服务需要多少加油站，你就把问题解决了。重要的不是数字，而是你得出数字的方法。

再举一个例子，万科公司一直重视在人才的聘用和选拔过程中使用测评工具来帮助他们更为准确、快速、全面地考量一个人才。从求职者接触万科的第一个步骤——在网站上填报资料时开始，万科对人才的测评就开始了。

在万科公司的网站上填报相关资料，需要花费两三个小时才能完成。其中就包含了一些人格倾向和智力测试的测评。这些资料将经过人力资源部的初次筛选。通过人格测评，可以剔除个别性格特别偏激或有人格缺陷的人，此外还可看出应聘者的择业倾向是否和公司的发展一致；智力测试则是测量一个人的反应速度，大量的试题被要求在规定时间内完成，以此考察求职者在一个充满压力的情况下，是否还能保持清醒的头脑和快速反应能力，通过这种测评的人员比例为 1：15 到 1：20 之间。

此后，专业技术人才还有专业的技术测试，管理人才将接受管理能力测评。万科花巨资引入人才测评系统，并由两位博士进行了"万科化"，用来测试求职者与万科提供的工作岗位之间的匹配度。用人才测评这种方式既快速又科学，由于万科在选择这些测试工具时非常慎重，迄今为止，使用中还没有出现过明显的偏差。

一般来说，核心员工比一般员工具有更高的整体素质和更强的创造能力，他们的素质优势不论在简历还是在面试中都较容易表现出来，多数情况下招聘人员能够识别。然而在面试这一个环节，却往往容易出现选不到人或选错人的情况。这不仅仅与测试题目设计的科学性与适用性有关，更从很大程度上受面试官的主观因素的制约，如面试官的个人偏好、先入为主、辨别水平等直接决定了核心员工的去留。

现在企业也都意识到了这一问题，纷纷把提高面试官的素质提上日程，许多企业在面试核心员工时，都由企业家亲自挂帅，以免发生漏选与错选人才的问题。因为企业家从企业战略的高度，更懂得怎样的人才才是企业需要的核心员工，而且企业家能够带来企业文化以及企业个性特色，给应聘者带来了一个更直观的了解企业、增加与企业之间进行双向选择的机会。

另外，企业家亲自面试给应聘者以平易近人、备受重视之感，这些无疑都大大提高了应聘者心目中的企业形象分。一旦识别出核心员工，也不能高兴得过早，注意与核心员工继续深入地双向沟通，坦诚说出企业的核心价值观，考察核心员工能否认同，告知企业文化类型，考察核心员工能否与企业文化相融合。

这个问题如果说对一般员工还算是无碍大局的话，那么对核心员工来说就极其重要了。因为实践证明，核心员工离职的原因中，企业文化方面的因素占了很大比重，如果在招聘关口就把这个问题解决好，肯定会避免企业以后无谓的损失。

所以，检验核心员工与企业文化的相融性是招聘中的必经之路，重中之重，不妨由企业文化的建筑师——企业家亲自主持。如果二者能够相融那是最好的结果，但如果核心员工很难认同企业价值观或抵触企业文化，那么即使其软硬件均符合企业的要求，企业对这样的"英雄"也只能婉言相拒，忍痛割爱了。因为如果把这样的核心员工招进企业，他们会与企业文化迟迟不能融合，必将给企业带来损失，甚至会产生核心员工离职及企业贻误发展时机的后果。

例如 SONY 公司在招聘过程中把员工能否适应日本文化尤其是索尼的企业文化作为重点考核内容。通用电气有限公司在招聘中也要看学生是否喜欢、是否认同 GE 的价值观，即"坚持诚信、注重业绩、渴望变革"。所以，慧眼识英雄一定要擦亮双眼，识清来应聘的核心员工到底是不是适合你的"真心英雄"。

3. 惜取眼前人

在外部招聘时，你慧眼认出了千里马，并把你心仪的核心员工招进企业，这时，你该"有了新朋友，不忘老朋友"，要惜取眼前人，对企业内部的核心员工进行鉴识，用外部引进的核心员工和企业现有的核心员工共同打造你的核心员工队伍。

不管老朋友，还是新朋友，你要一视同仁，公平对待，新老朋友才会对你忠诚。

识别核心员工的工作不仅发生在外部招聘的过程中，企业更要关注内部成长发展起来的核心员工。内部选拔有外部招聘不可比拟的优越性，而且这对于不太适宜外部招聘的中小企业，或者想要维护企业强势文化而不想"输血"的企业来说尤为重要。还有一些规模较大、成立较早、资历久远的跨国公司也采用以内部选拔为主的战略。

美国通用电器公司的领导人选拔习惯于19世纪早期形成，选拔继任者已经成为通用领导者的一种习惯与责任。杰克·韦尔奇提前9年开始选择接班人，他在1991年谈到公司继承人规划时说，从现在起，选择继承人是我要做的最重要决定，这件事几乎每天都要花费我相当多的心思。

而韦尔奇的这种做法也不是他自己发明的，他的前任琼斯就提前7年（自1974年始）开始选拔候选人。琼斯和他的高层人力资源小组密切配合，花了两年时间把96个可能人选减少到6人，其中包括韦尔奇。为了测验这6个人的能力，琼斯任命每个人都担任部门经理，直接接受CEO办公室的领导。

随后的3年里让每个候选人经历各种严格的挑战：言谈、论文竞赛和评估，韦尔奇最终赢得了这场严酷的耐力竞赛。这种严格的、马拉松式的领导人选拔制度是保证通用电气长久不衰的重要法宝，也是任何外部选拔机制不可比拟的。

20世纪七八十年代日本企业的迅速崛起，引起了企业界与管理界的关注。日本企业在人力资源配置上，具有封闭性、保守性和排他性的特点，大多采取"有限入口"和内部提拔的制度。当企业有新的工作需要或岗位空缺时，会尽可能通过内部调节来弥补，弥补不了的就直接从学校招聘。

招聘来的人员进入企业后，必须从基础工作岗位干起，通过有计划、有目的、有组织的培训与培养，在逐步了解企业、认可企业、完善自身、创造效益的基础上，求得个人职业的发展。这种长期稳定的就业政策，使员工的培训以及政策的制订都有一个长期的计划，这有利于提高工人的素质。而且劳资关系的全面合作也增强了员工的安全感和归属感，提高了员工对企业的忠诚度。

中国一些运营平稳、发展迅速、规模较大的知名企业在人才的选拔上，也多以内部提拔为主。

海尔公司树立了以人为本的用人理念，形成了人才培训与生产、科研一体化的高效管理体系，采取多种渠道多种形式聚集、培养、开发和使用人才，为进一步扩张奠定坚实的基础。海尔除了从大专院校补充新血液外，主要管理人员是通过内部选拔获得。大学生不受专业限制，可以在全厂范围内自由择岗；员工可以直接与干部竞争上岗；干部可以不受部门限制，自由选择想去的地方。

海尔的升迁机制以能否推动企业高速稳定发展作为衡量人力资源工作成效的最终标准。坚持竞争激励机制，形成了有利于优秀人才脱颖而出的人才选拔环境。海尔信奉的是"人人是人才"的理念，坚持"赛马不相马"的做法，给所有员工公平参赛的机会，每个人都有权力参加竞赛。在具体操作上，海尔实行公开招聘、竞争上岗的赛马规则，每个月由人力资源开发中心公布一次招聘岗位、招聘条件、工作目标和招聘程序及动态激励情况。符合条件的人员都可以领到一张表，参加竞聘的人员根据自己的能力与条件选择竞争方向，大家机会均等。内部选拔人才的机制决定了海尔各级管理层绝大多数是一直跟随企业奋斗的老员工，其忠诚度不言自明。从招聘程序上讲，大多数企业也是采取先内部后外部的方式。

那么，从内部提拔，惜取你的眼前人，到底有哪些好处呢？

首先，招聘成本低，风险小。从外部招聘，往往要大张旗鼓，打出招聘广告，参加招聘会，筛选简历，组织面试等，需要投入大量的人力物力，招聘成本较高。而且，即使层层把关，企业选不到合适的人或选错人的情况仍时有发生，招聘风险大。而从内部提拔就免去了这些烦恼，因为企业清晰地掌握着内部员工的工作记录，见证着他的素质能力以及发展潜力，由于企业与员工的信息对称，企业与员工互相了解，选错人的概率较低，大大减少了招聘风险。

其次，缩短与企业的磨合期，较快"进入状态"。从外部招聘的核心员工即使认同企业文化，与企业各方面的磨合仍需要一定的时间，企业也需要耐心的等待。企业的内部核心员工就不会出现这些问题，他们熟悉企业文化，能更快地步入岗位、进入状态，不会让你"等到花儿都谢了"。

再次，带来员工激励的良性循环。晋升是员工激励的重要组成部分，一个内部员工的晋升，会引起内部员工的连锁反应，起到激励员工的效果。

最后，员工忠诚度高。核心员工一般具有较高的专业忠诚度和较低的企业忠诚度，但从企业内部成长起来的核心员工会对企业有较深厚的感情，长期的磨合，使其价值观与企业趋同，对团队以及人际关系都有较强的依赖，因而大大降低其离职的可能性，对企业有较强的忠诚度与归属感。而从外部招聘的核心员工就不会对企业有过高的忠诚度，经常一言不合就拂袖而去，另谋高就，给企业带来伤害。

三星公司认为，内部提拔的人员，对企业有较强的认同感和归属感，能深刻认同企业的文化理念，同时熟悉公司情况和本职工作，与各职能部门也更易于沟通和开展工作联系，晋升后磨合适应期较短，能够迅速地适应新的角色。另一方面，在三星公平、公正、公心、公开的用人环境和"能者上、平者让、庸者下"的干部选拔制度下，让老员工也能得到与新聘人员一样的竞争机会，而不是注定永无出头之日，可以激发他们的工作热情，使之"行有方向，干有盼头"，把追求上升到更高层次。

根据奥克斯公司的经验，一个正常人，只要肯干、好学、上进、有责任心，放到合适的位置上就能很好地发挥作用。

既然内部招聘如此重要，那么哪些员工才是企业要特别珍惜、重点提拔的核心员工呢？

在企业内部，有这么一些优秀的员工，他们通过自身奋斗能够从一般员工升级为核心员工，当这些员工还是"潜力股"时企业就该重点培养，一旦其变成了"绩优股"，企业更要马上将之识别，用管理核心员工的模式待之。

在鉴识这部分员工时，除了按照核心员工的一系列特征与标准判别外，还应从几个方面来测试其晋级为核心员工的可能性，如基本的知识、技能、工作能力与学习能力、沟通能力、人际关系、果断性、组织能力、自律能力和首创精神等。更重要的是，还要考察其是否能与核心岗位相匹配，能否胜任核心员工的职责。

与外部招聘相比，对现有员工的鉴识要容易得多，因为可以很容易得到有关他的绩效评估，得到相关部门对于他的评价，考验他的各方面能力，了解他的诚信状况，选拔成本要比外部招聘小得多。

这种从企业内部成长起来的核心员工会对企业有更强的忠诚度与归属感，值得企业重点投资与运用。而一旦识别出现有员工为核心员工，就要与外部招聘的核心员工一样，马上采取行动进行培养、激励，实施一系列有针对性的个性化管理，避免"肥水流入外人田"，浪费企业多年的培养成本，却落得"为他人作嫁衣裳"的下场。

惜取眼前人，贵在一个"惜"字，企业内部成长起来的核心员工一般会对企业有较深厚的感情，企业一定要惜才爱才，让他们更深地"扎根"企业，"忠贞不渝"。对他们的一系列管理要以留住并重用他们为目的。不能认为"外来的和尚会念经"而将其与引进的核心员工区别对待，不能挫伤内部员工的积极性，不能伤害他们对企业多年的感情。

在你的核心员工队伍中，内部的核心员工一定要占有相当的比例。这也是控制企业核心员工流失率的一种有效方式。

三、培育核心员工

松下幸之助有句名言："一个天才的企业家总是不失时机地把对职员的培养和训练摆上重要的议事日程。教育是现代经济社会大背景下的'杀手锏'，谁拥有它谁就预示着成功，只有傻瓜或自愿把自己的企业推向悬崖峭壁的人才会对教育置若罔闻。"

既然已经从外部引进了核心员工，也识别了内部的核心员工，那么，下面就要对你的核心员工队伍进行培育了。培育包括开发与培养两个方面。

开发指对企业内部的"准核心员工"、"储备人才"做进一步开发，加速其向核心员工队伍迈进。培养是对企业现有核心员工做进一步栽培，以提高其专业水准和综合素质，更好地为企业服务。

实践证明，培训必须首先确定培训对象，培训对象的层次不同，企业所提供的培训课程就有所不同。也就是说，培训要满足不同培训对象的不同培训需求，具有针对性。对全体员工实行"一刀切"的培训收效不佳，甚至会造成无效培训。

对核心员工的培养也是如此，首先要鉴别哪些是准核心员工，哪些是现有的核心员工。企业对二者的培育模式有所区别。对前者主要以开发为主，目的是加速其升级为真正的核心员工。总的方向是要把企业战略与准核心员工的自身需要相结合，以达致二者的双赢。

具体方法有让他们加入核心员工团队，给予他们核心员工待遇等。最终把他们这些"潜力股"变成"绩优股"，成为真正的核心员工。对于企业已有的核心员工来说，进一步的培养仍十分必要，这是一个让"千里马"变成"万里马"的过程。由于核心员工队伍是企业的精英部队，所以对他们的培训层次最高，程度更深，内容主要涉及宏观层面的企业战略、企业文化等问题，重点关注其团队精神、创新精神等的培养。对核心员工的培育既是一个为其"增值"，从而提高个人绩效与企业绩效的过程，也是送给核心员工的"最好的福利"，从而达到激励核心员工的效果。

1. 开发准核心员工

我们首先要明确这里所讲的开发培养员工与普遍意义上的对一般员工的培训有所不同。开发准核心员工的目的是为核心员工培养储备人才，避免核心员工离职引起"人才断层"，给企业带来伤害。

许多企业都已建立起人才储备库。如法国某公司，每隔一年半就要对其战略职位进行综合考察，并会排列出 6 人作为接班人。某公司刚刚任命了一个人就要考虑接替他的人选。IBM 所有的高级经理部都有一门必修课——"接班人计划"。这是其重要的管理文化，目的不是一定要接谁的班，而是在贯彻这个计划的过程中，培养和锻炼一批前者的后备人才。

对准核心员工的开发，实际上是人力资源管理"选、育、用、留"四环节中留人一环，确切地说是留住资源，即通过储备人才来留住核心员工身上的智力资源，把核心员工离职带给企业的危害降到最低。

作为接班人，准核心员工要有接班人的基本素质，如与核心员工相似的特征。要能承担接班人的职责，即完成将核心员工身上的智力资源"复制"、"粘贴"的过程。也应该享受接班人的"超规格待遇"，如与核心员工一样的培训课程。

具体说来，开发准核心员工应从如下几方面入手。

（1）鉴别"潜力股"。即找出企业内部哪些优秀员工是具有潜力、能够升级为核心员工的，企业应以他们为重点开发对象，悉心雕琢，待成大器。他们处于一般员工与核心员工之间的中间地带，可以用界定核心员工的标准来衡量，也许他们符合核心员工的几个重要特征，但只稍欠"火候"。比如，经验还不十分丰富，技术水平还未炉火纯青等。这时就可以将其认定为准核心员工进行开发。实践中，他们通常能力突出，进步神速，其成绩受到部门经理以及其他高层的肯定，他们是员工中的"出头鸟"。

许多跨国公司都把刚毕业的大学生当做储备人才的重点人选，并与许多名校建立联盟，通过设定奖学金、提供实习机会等加强联系。大学生作为高学历人才，有成为核心员工的潜质。企业可以将他们纳入自己的人才储备库，大力开发，重点培养，而大学生充满激情与活力，愿意接受新鲜事物，可塑性强，这些都是其由"潜力股"升级为"绩优股"的有利条件。

汇丰银行中国区招聘行政主管，主要面向名校应届研究生或有1~2年工作经验的本科毕业生；渣打银行中国区的管理培训生一般也从名校的优秀应届毕业生中选拔。摩托罗拉（中国）公司设立了专门的大学关系（University Relationship）岗位处理公司与国内主要大学的事务，其中一个主要考虑就是保证为公司物色到优秀的应届毕业生。

美国很多公司把招聘目标对准它们认为是公司未来领导人才主要来源的少数高等院校，它们像对待其客户一样对待这些高等院校。比如，惠普公司就将其人员招聘对象主要集中在30所大学，并通过与这些院校的各系建立网络联系，以及向这些院校捐赠计算机设备等方式，尽力发展与这些学校的良好关系。

（2）开发要将企业战略目标与准核心员工自身需要相结合。"准核心员工"是有可能接替核心员工步入核心岗位的，所以要按照企业的战略要求对其进行开发。同时，要注意他们自身的需要、特点、专长等因素，进行有针对性的开发培养。由于他们将来可能成为企业挑大梁的人物，所以对他们的开发要密切地与企业战略相联系，要让他们知道企业的愿景以及实现愿景的路径，重点对其开发实现企业目标所需要的素质与能力，如创新能力、决策能力或沟通能力等。

在开发这些能力时，也要与他们的培训需求相结合，与他们的职业生涯设计挂钩，这就需要及时与之沟通，找出他们真正的需要，进行有针对性的培训。企业战略与准核心员工的需要这二者缺一不可，否则可能达不到培训效果，甚至会造成无效培训。

（3）加入核心员工团队。作为接班人，准核心员工平时一定要与核心员工有亲密接触，拜师学艺。不妨让其加入核心员工的团队，学习核心员工的知识技能与思维方式，与核心员工保持良好的私人关系，尽可能多地"复制"其宝贵的智力资源。

现在的许多企业都采取了这种导师制，核心员工对准核心员工进行帮、拉、带，让他们系统学习核心员工的工作作风与思维模式，这会加速"潜力股"的升值速度，收效甚佳，是对其开发的良方与捷径。

更为重要的是，准核心员工与核心员工的零距离接触可以便捷地"复制"核心员工身上宝贵的智力资源，如专业技术，商业秘密以及客户关系等，然后"粘贴"到自身，或"粘贴"给企业，企业再做"保存"处理。这就是企业留住核心员工智力资源的重要手段之一。

（4）适时地把他们当做核心员工看待。企业有时可大胆地把一些核心员工的工作放手交给"准核心员工"们，这是宝贵的锻炼其能力的机会。实践证明，企业可以不时给员工提出一些过高的要求，员工为了完成这些看来似乎不可能实现的任务就会竭尽所能，激发潜力，展现出非凡的能力，即使最后没有成功，他们也会比以前更加优秀。

对准核心员工来说尤其如此，他们与核心员工也许仅是一步之遥，但是潜力无限，给他们一些核心员工的工作也许会有意想不到的效果。

况且，对他们来说这也是很有效的开发与激励。他们认为企业已经把他们当做核心员工看待了，会受到正面激励，激发出创造力。另外，也可以赠送给他们一些只针对核心员工的高级培训机会。这种超规格待遇也是其迈入核心员工行列的一个过渡。

2. 培养核心员工

虽说核心员工的综合素质已经高人一等，但"金无足赤，人无完人"。企业不能放松对他们的进一步栽培。因为核心员工仍有无限潜力以待开发，且他们也有自己的培训需求，他们希望自己能在专业领域永远是佼佼者。因而不时地"充电"，对他们来说也是必要的。

当然，对他们的培训与对全体员工或一般员工的培训有所不同，不仅仅是对他们的培训层次更高，而且更要"量体裁衣"，根据核心员工不同的自身情况与培训需求，制订个性化的培训方案。尤为重要的是，培训过程中要强化企业文化的灌输与团队精神的培养。因为这两点对企业的战略目标的实现至关重要。

对核心员工的培养不仅是为提升核心员工的专业技能、管理水平或领导能力，从而提高企业的盈利水平，更是留住核心员工的"最好的福利"。培养核心员工有以下几个要点。

（1）对核心员工的培训层次最高

一般企业会把培训对象分为几个类型，如分为操作型人才、管理型人才与决策层人才。对不同的培训对象设计不同的培训课程。如基层员工或操作型人才一般是技术操作、工作流程等较低层次的培训。

如西门子公司员工著名的管理教程共分 5 个级别，各级培训分别以前一级别培训为基础，从第五级别到第一级别所获技能依次提高，其具体培训内容大致如下：

第五级别：管理理论教程

培训对象：具有管理潜能的员工

培训目的：提高参与者的自我管理能力和团队建设能力

培训内容：西门子企业文化、自我管理能力、个人发展计划、项目管理、了解及满足客户需求的团队协调技能

培训日程：与工作同步的一年培训；为期 3 天的两次研讨会和一次开

课讨论会

第四级别：基础管理教程

培训对象：具有较高潜能的初级管理人员

培训目的：让参与者准备好进行初级管理工作

培训内容：综合项目的完成、质量及生产效率管理、财务管理、流程
管理、组织建设及团队行为、有效的交流和网络化

培训日程：与工作同步的一年培训、为期5天的研讨会两次和为期两
天的开课讨论会一次

第三级别：高级管理教程

培训对象：负责核心流程或多项职能的管理人

培训目的：开发参与者的企业家潜能

培训内容：公司管理方法、业务拓展及市场发展策略、技术革新管理、
西门子全球机构、多元文化间的交流、改革管理、企业家
行为及责任感

培训日程：一年半与工作同步的培训；为期5天的研讨会两次

第二级别：总体管理教程

培训对象：必须具备下列条件之一：

①管理业务或项目并对其业绩全权负责者；

②负责全球性、地区性的服务者；

③至少负责两个职能部门者；

④在某些产品、服务方面是全球性、地区性业务的管理人员。

培训目的：塑造领导能力

培训内容：企业价值、前景与公司业绩之间的相互关系、高级战略管
理技术、知识管理、识别全球趋势、调整公司业务、管理
全球性合作

培训日程：与工作同步的培训两年；每次为期6天的研讨会两次

第一级别：西门子执行教程

培训对象：已经或者有可能担任重要职位的管理人员

培训目的：提高领导能力

培训内容：培训内容根据管理学知识和西门子公司业务的需要而制订，
随着二者的发展变化，培训内容需要不断更新

培训日程：根据需要灵活掌握

通过参加西门子管理教程培训，公司中正在从事管理工作的员工或有管理潜能的员工得到了学习管理知识和参加管理实践的绝好机会。这些教程提高了参与者管理自己和他人的能力，使他们从跨职能部门交流和跨国知识交换中受益，在公司员工间建立了密切的内部网络联系，增强了企业和员工的竞争力，达到了开发员工管理潜能、培养公司管理人才的目的。

而对管理人才与决策人才中的核心员工的培训不再是基本技能的强化，而是更高级别的教育，目的在于提高他们的领导能力、技术攻关能力、沟通能力等与实现企业目标更相关的素质。

培训内容包括企业价值、远景预见、高级战略管理、全球合作等。对他们的培训级别高还体现在往往由企业家亲自挂帅，亲自授课。透过企业家的影响，核心员工可以更深刻地理解企业的愿景与企业文化等。

(2) 培训要具有针对性

企业要与核心员工进行沟通，了解他们的培训需求，设计具有针对性的培训方案。每个核心员工都有各自不同的培训需求，企业一定要注意倾听他们的需要。培训只有富于个性化才会更有成效，也才能激发核心员工更大的潜力。

对培训需求的调查是制订培训方案的前提条件，根据不同培训需求制订不同培训方案是最佳结果。如果对于一般员工的培训过于细化以及设计个性化方案成本过高，操作性不强，并不适合所有企业。而针对核心员工的个性化培训方案必须制订并付诸实施。因为它可以使"千里马"变成"万里马"，使企业目标能够更快更好地实现。

(3) 要加强企业的文化培训

对企业来说，核心员工与企业文化的融合情况至关重要，如果作为企业灵魂的核心员工对企业文化迟迟不能融合甚至相抵触，那么后果是不堪设想的。即使企业从外部招聘的核心员工能够认同企业文化，其与企业文化的完全相融也需要一定时间，那么培训就是加快二者融合的很好的方式。

因而，企业在对核心员工进行培训时，必须渗透有关企业文化方面的内容，让核心员工尽早与企业文化融为一体，也只有这样才能将核心员工真正留住。

（4）注重团队精神的培养

企业作为一个团队，需要有快捷灵活的应变能力，以及相互协调的运作方式，以此来适应市场的需求。所以现代企业呼吁团队精神，并把其作为甄选人才的重要素质之一。因为如果员工之间不能很好地合作相处，甚至经常发生冲突，就势必会影响企业的运作效率。

核心员工一般处于企业的管理团队之中，他们作为精英部队相处是否和谐，运作是否正常，直接关系着企业能否在激烈的竞争中抢占市场先机，直接关系着企业的战略目标的实现。

核心员工一般是各个领域的佼佼者，但如果其有恃才傲物的缺陷，喜爱单打独斗，不愿与他人合作，那么对企业来说是不利的。核心员工的团队精神也是提升企业核心竞争力的保证。另外，团队精神讲求资源共享，信息互通，为别人的利益着想等，这对于培养储备人才以及复制核心员工的智力资源都是十分有利的，能降低核心员工离职给企业带来的风险。

团队精神作为核心员工的一种核心素质，必须得到训练与强化。下面是某企业的核心员工的培养步骤，很值得借鉴。

第一步：明确人才策略。企业必须明确到底应当用哪种策略解决自己的人才问题。

第二步：制订培训预算。有了明确的策略，必须有相应的费用去作保证。没有必要的费用就难以保障优秀培训机构和培训师的加盟。

第三步：分析培训需求。与培训机构初步达成需求，明确自己的培训方向和培训目标。

第四步：与培训机构签约。明确双方的责任和培训目标、培训费用、培训效果评估。建议签约分成两个部分，一是胜任能力模型的建立；二是培训课程的实施。选拔性培训，企业往往对培训的目标还比较模糊，这需要通过胜任能力模型的建立进一步明确。胜任能力模型是培训要努力达到的方向与目标。有了胜任力模型，培训的课程设计就会有更好的针对性。

第五步：设计培训内容。培训的内容要充分体现培训的目标，要满足培训的需求。以人才选拔为目标的培训要根据选拔的职位以及参训人员的现有素质特点作出有针对性的课程体系设计。以该公司的案例为例，培训的目标是外派机构的负责人。要对他们的工商管理知识、经营观念、财务管理、市场开拓、法律法规等方面的内容进行比较系统的培训。然后考虑到这些人员要独当一面，对其团队组建与团队管理方面的能力也要进行比较系统的培训。课程设计的针对性强，所以虽然只有短短的 15 天，但实用效果却非常明显。

第六步：公开进行参训人员的报名工作。为了体现自愿到外地工作的特点，他们不采用领导圈定的办法，而是采用公开招聘式的培训报名方法。这样做的好处是将被动变为主动，将公开竞聘的思想引入到企业选拔式的培训中来。事实表明，因为有家庭方面的原因等，并不是所有的干部都愿意去外地发展。那些主动报名参加培训的人，都是下了决心愿意去外地发展的。这样，在人员外派时工作就比较好做了。

第七步：对报名参训人员进行管理素质评估与业绩调查。使用西三角人事技术研究所研制的《人才配置基本素质能力评估测试系统》，对所有要求参加培训的人员进行了《领导潜力测试》、《领导能力测试》、《公关能力测试》、《市场潜力测试》、《个性成熟度测试》，并且调查了要求参训者近年来在公司内的绩效表现等方面，最后确定了参训者的范围。

第八步：设定培训课程体系。设定培训的课程体系是一项技术性很强的工作。公司邀请包括知名人力资源专家、国内十大杰出培训师黄亨煜老师在内的几位资深专家亲自到企业进行调研，以真正理解和把握企业内的培训需求。根据需求和培训目标在短短的 15 天培训时间内既安排了工商管理中的核心课程，也侧重培训了团队管理与激励方面的领导技能课程，事实表明，设计培训的课程是非常关键的一个环节。

第九步：核定培训教师。有了合适的课程设计还必须有合适的老师来实施。选择培训老师是直接决定培训成败的关键。西三角公司从 1996 年成立以来属于国内第一批管理培训、咨询公司，因而在师资资源上不但丰富，并且熟悉每一个老师的主要特点。企业从西三角公司 500 多名师资库中，选择了 6 位有企业管理工作经验、有理论水平，并且了解民营企业特点的资深培训师来实现这个项目，以确保项目的成功。

第十步：实施培训课程。企业应当提供封闭式的培训环境，安排专职的会议服务人员，负责组织培训的整个实施过程，做好会议服务的所有工作。此外，企业的培训经理应当在现场经常与参训人员交流，将学员的意见及时反馈给培训师。

第十一步：制订并实施培训效果评估标准。企业的人力资源部与培训公司应当达成对培训效果如何进行评价的一致的意见。培训效果的评价应当根据培训的目标，例如工商管理知识的培训应当采用内容效果评估与成就测验评估的方法。管理技能的测验，从理论上来说应当采用 360° 的行为调查法，但由于是一次选拔性的培训，就采用了成就测验与面谈评估法、角色扮演法。总之应当尽量让公司的各业务部门负责人参加到培训效果的考核评定中来。同时，还要考虑到企业的人员的素质现状。

第十二步：人才选拔。在对每个参训者进行培训效果评价的基础上，根据胜任能力模型，由咨询机构按照一定的比例推选要进行提拔外派的候选人。

第十三步：核定外派人员。由企业总经理为主的评估委员会对咨询机构推选出来的人员做进一步的能力和素质的评估，最后核定出外派人员（或提拔的人员）。

第十四步：对核定后的外派人员再进行为期 4 天的具体业务知识培训。在此过程中讨论并制订了外派机构的管理与运作方式。这个过程大多是企业自己进行。

第十五步：经验总结。培训机构与企业的人力资源部在项目实施之后，应当认真总结提炼出一些经验，提出改进方案，并与相关部门人员及受训员工进行沟通。

3

第三章

反思员工流失

管理的目标是激发人们的灵感、欲望及想象力。

——大卫·利连塔尔 美国原子能委员会首任主席

招进人才的目的是运用人才，为企业目标的实现作贡献。然而现在许多企业的员工流失率居高不下，招来了人才却留不住人才，给企业带来损失与伤害。尤其是核心员工对企业意义重大，是企业的顶梁柱，是企业的灵魂，他们对于企业犹如明星对于舞台，没有明星的舞台只能失去观众，最终被迫提前谢幕。

核心员工的流失对企业的危害是难以衡量的，他们带走了企业为了引进、培养、重用他们所花费的高额成本，他们带走了企业的核心技术、客户关系、商业秘密等重要的智力资源，他们更带走了他们自身能为企业创造巨大财富与利润的活的源泉。核心员工的离职给企业带来的危害还有：损害企业声誉和形象；影响企业的整体效率；打击员工士气；降低企业核心竞争力；增大企业运营风险等。

在实践中，常发生一个甚至多个核心员工集体出走的现象，可以想见这对于企业是怎样的重创，留不住核心员工很有可能给企业带来灭顶之灾。比尔·盖茨曾戏言，如果挖走他的几十名核心员工，那么微软就垮了。

那么，我们不禁要问，企业辛辛苦苦建立起来的核心员工队伍为什么会留不住呢？原因是多方面的，既有企业自身制度方面的问题，也有核心员工自身的个人因素。

从企业的角度说，首先是待遇问题。待遇对于核心员工的意义也许没有对于一般员工那么重大，但谁说他们不在乎？

薪酬高低体现着对他们能力与水平的一种评价，而高素质人才一般特别看重结果，在意别人的评价。薪酬低即评价低，核心员工的积极性受到打击，往往容易选择离开。另外，福利也是待遇的一个重要组成部分，有时起着比薪酬更为重大的作用，它让核心员工有被关爱的感觉，进而容易产生依恋与归属感。

比如美国世纪公司的每名员工都可以得到一张价值 650 美元的舒适座椅；第一资本公司的员工如需度假只要提前半小时请假就行；CDM 公司的每个雇员都得到了免费到美国大陆任何地方旅行 3 天的待遇；辉瑞公司所有的药对员工都是免费的；英特尔公司的员工工作 7 年后有 8 周假期；MBNA 公司的雇员在结婚那天公司提供一辆轿车，另外还有 500 美元和一周的带薪假期；微技术战略公司所有雇员每年 1 月份都可以到加勒比海旅行一周；高通公司雇员的孩子如果参加运动队，公司给予 250 美元的支持；罗代尔公司的雇员可以在公司的地里得到一块种东西的地方。

核心员工对待遇更看重的也许不仅仅是多少、高低的问题，公平二字才是重中之重。核心员工尤其在乎"不患寡而患不均"。待遇的核心——公平问题处理不好，会使核心员工产生不信任感而离开。

其次是企业的招聘制度有问题。

这就是说，从企业引进核心员工时就没有把好关，没有把好第一个关口，必然导致后患无穷。如招进的核心员工不能与工作岗位相匹配，要么大材小用，要么不能胜任，于是核心员工出现了种种的不适应症状。如果不能及时克服，核心员工只能另觅"水土相服"之地。

最后，是企业授权不充分。核心员工来到企业是为了大干一番、锻炼自我的，如果企业不肯授权或授权不充分，核心员工必然束手束脚，大有"英雄无用武之地"之感，核心员工没有成就感，就会把目光投向能让他施展才华的广阔天地。

从核心员工这方面来说，也有其自身原因而导致的离职。首先是人际关系问题。人际关系不和谐是核心员工离职的一个重要原因。"为企业而来，因经理而去"的现象屡见不鲜。核心员工会因与企业高层的一言不合就拂袖而去。

还有就是团队关系不融洽，核心员工很可能都是单打独斗的英雄，但与其他精英或非精英的相处就容易出现问题。如果核心员工与领导及同事打交道时总是磕磕碰碰的，工作起来心里总是疙疙瘩瘩，那么核心员工肯定不会在这个企业待得长久。

其次是不能认同企业的价值观，不能与企业文化相融合。严格说来，这不能算核心员工的过错，企业在引进核心员工时有没有加强这方面的考察与交流，引进核心员工后有没有强化企业文化以及价值观方面的培训，如果核心员工总是不能与企业文化融合，即使企业其他方面再有吸引力，也阻挡不了核心员工离开的步伐。因为企业文化问题是根本性问题，是无法从根本上解决的问题，引进了与企业文化不相融的核心员工，企业最终难逃"被抛弃"的命运，不是企业无魅力，更不是核心员工不优秀，而是你们"不适合"。

最后是核心员工的个人问题。核心员工也是人，难免遇到常人的一些琐事困扰，比如照顾家人、教育孩子，也会有其他的计划，比如出国、留学等。这些都是核心员工离职的一部分原因。

你能眼睁睁地看着你的核心员工离去吗？你能让他们"说走就走，一句话都不留"吗？你能让他们投入对手的怀抱"长他人志气，灭自己威风"吗？不能。除非你存心让你的企业衰弱，让你的企业垮掉。那么，赶紧实施你的留人战略吧。

在运用各种留人方法之前，先要牢记几大原则。

第一，真诚原则。海尔"真诚到永远"名扬天下，对待自己的员工也要像对待顾客那样真心诚意。"员工是上帝"，唯有此，才能换来员工的感激之心与回报之意。对于核心员工更是如此，尤其当他们还是打算离去的核心员工。

真诚意味着你是真心诚意地挽留他们而非虚情假意，真诚意味着你尊重他们的个性，肯定他们的贡献，表达企业是怎样的需要他们，真诚意味着你愿意以真心换真心，为了挽留核心员工而不惜代价。

第二，沟通原则。沟通应贯穿于管理的自上而下的始终，你的核心员工要离开，不管其具体原因是怎样的，可以肯定的一点就是，你的沟通机制一定有问题。

俗话说"冰冻三尺非一日之寒"，核心员工萌生去意之前，如果你及时沟通，疏导并解决问题，也许就收不到他们的辞呈了。

说到沟通，就不能不再次提及通用电气（GE）公司。CEO杰夫·伊梅尔特认为，企业的领导人应该抓住每一个机会，利用每一种传播方式与员工进行沟通。从战略角度上讲，通用公司最高层认为，沟通是公司发展战略的最重要部分之一。

其沟通渠道是传统与现代结合，电子商务为日常的沟通带来了便捷，但传统的沟通渠道并没有因为科技手段的创新而落伍。在 GE，传统与现代的沟通渠道在这里交映成趣。根据不同的交流的内容，沟通的渠道也不同。

网上交流、电话交流、面对面交流、便笺式交流……传统与现代的交流方式在 GE 共存，目的却只有一个：信息的畅通，沟通的顺畅。

圆桌会议、全体员工会议、优秀员工座谈等这些集体的沟通方式也每天都在进行。GE 很大，13 个业务集团，1300 多亿美元的营业额，几十万员工。但 GE 要求员工不要认为自己很大，不为规模所累，而应该是一家反应敏捷的小公司。

在"无边界行为"理念下，GE 打破 13 大业务集团的界限，广泛地进行横向交流。按照人力资源、公共关系、销售、市场、财务等不同职能部门，GE 有许多松散的组织、协会，如人力资源协会等。这种职能上的协会经常横跨 13 大业务集团开展相关的沟通活动，比如就激励方法等经验或问题进行畅谈，对价值观的感受进行交流。

具体到每一个业务集团，也非常重视与员工的沟通。业务集团或地区总部会经常把公司最近的发展情况做及时总结，发表在公司的内部网络上，让员工及时了解。也许你会说你不是 GE，你做不到这些。那么，现在手握核心员工的辞呈赶紧亡羊补牢还为时不晚。注意这时不是你喋喋不休的时候，要当好听众，让核心员工说出真正的离职理由。

第三，对症下药原则。马斯洛告诉我们人有从低到高的五层需要，那么核心员工到底是哪个层次的需要没得到满足？一般而言，核心员工的高级需要是占支配地位的，但也没有绝对的，具体问题具体分析。只有对症下药，满足其个性化需要，"缺什么补什么"，才能起到最佳的挽留效果。

掌握了这三大原则之后，就要具体实施留人策略了。这需要从硬环境与软环境两方面展开。

从硬环境来说，就是企业的实力问题。一般而言，核心员工不会愿意待在一个牌子不响、声誉不高、实力不强的企业。不仅仅因为其舞台太小，不能让核心员工施展才华，更涉及核心员工的"面子"问题，他们希望自己效力的企业是能让自己引以为豪的，当与别人谈及时是能够迎来别人羡慕及崇敬的目光的，这样的企业才能与核心员工的身价相称。

实力不强的企业即使给的待遇再高，也不能满足核心员工的这份"虚荣心"。因而打造企业实力才是纳贤、留贤的硬道理。

从软环境来说，就是看企业的具体留人方法了。实践中，企业普遍采用的是情感留人、事业留人、待遇留人等几大方法。

情感留人就是用真心换真心，利用核心员工对企业的感情，以及对周围同事和团队的感情将其留下。这首先取决于企业的用人观念，企业是以人为本还是以人为工具。企业与员工是一种怎样的关系，是互相尊重的合作关系还是领导与被领导上下级关系，那么员工对哪种企业的感情会深厚些就毋庸分辨了。另外也要善于利用核心员工与周遭人际关系的感情，这些都会是核心员工不忍离开的一大牵挂。

事业留人就是给核心员工授权，给予其更大的发展空间。据调查，在核心员工离职的原因中，缺乏个人发展空间占了极大一部分比例。与一般员工要求工作稳定、工作安全相比较，核心员工需要的是工作具有挑战性、能发挥潜能和保持自己在业内的领先地位。没有广阔的个人发展空间，再高的薪水已难以让他们满足。他们不要稳定与安逸，他们要不断地发展，不断地创新。

清华同方的人才流失率能够保持在较低水平，尤其是经历一些大的变革后，也没有发生人才的大范围流失，这很大原因是由于公司"技术加资本"的孵化器机制。以项目为标准，成熟一个孵化一个。一个年轻人来公司，2 年后就可能担任项目经理，再过 2 年，项目成熟，独立出来成为一个子公司，这个人就有可能成为公司总经理了。清华同方独特的孵化器机制给年轻人创造了一个快速发展的事业平台。

待遇留人是老生常谈，虽然核心员工不再仅仅为金钱工作，但高薪挖人的成功率仍极高。你能通过给比你的竞争对手更高的薪水而留下核心员工吗？别忘了核心员工给你创造了 80% 的利润，那么你该舍得调用 80% 的资金给他们加薪。

最后也是最重要的一点，用你优秀的企业文化留人。

优秀的企业一定有优秀的企业文化，优秀的企业文化塑造优秀的企业。好的文化一定是以人为本的文化，企业员工没有等级之分，领导与员工关系融洽；好的文化给人一种感召，能让人愉快地工作并受到一股积极向上力量的激励；好的文化用人唯贤，"你能翻多大的跟头，就给你多大的舞台"，只要有能力，前方就是广阔的前景。有了这样的企业文化，相信天价高薪也难以挖走你的核心员工。

美国《财富》杂志最近评出了美国最适宜工作的 100 家公司。在这 100 家最适宜工作的公司中有 26 家用"雇员"以外的名称来称呼他们的员工：第一资本公司称"同仁"；大平原公司称"队友"；美国管理系统公司称"美管人"；花岗石公司称"工作拥有者"；奥兰多地区医疗保健公司称"照顾员"；CDW 计算机公司称"同事"；星巴克咖啡店称"伙伴"；盖德恩特公司称

"雇员拥有者"；希特尔公司称"西特尔人"。正是这种以人为本的企业文化使在这些企业工作的员工不愿离去。

留人战略中的最后一环，就是在应对核心员工辞职时的具体措施了。在采取措施前，先要分清辞职的核心员工的类型。一般来说，辞职的核心员工分为"其实不想走型"和去意已决型。对于两种不同的类型，要分别采取不同的对策。

怎样分清两种类型呢？可以先听听核心员工怎么说，不过核心员工的辞职理由通常不是真实理由，一般不会说出真实想法，这时就要看企业的沟通技巧了。还有一招就是展开全面调查，通过向其周围的关系不错的领导、同事了解核心员工的一些表现和心理动态，来搞清楚他们是真走还是假走。

去意已决型属于无法挽回的情况，如家庭问题、个人问题，还有就是无法与企业文化相融的情形。而"其实不想走"型则并不是真想离开企业，有的还在企业与猎头之间摇摆不定，有的是其要求加薪及提高待遇的策略，有的只是想试探企业对他的重视程度，看看企业挽留自己的诚意。对于去意已决型，企业的对策是尽力挽留，帮助解决问题，实在无济于事，就与核心员工好聚好散，并做好核心员工离职的善后工作，与核心员工加强联系，让好马也吃回头草，并充分利用离职核心员工在对手公司工作的优势，把核心员工当做企业的"外部员工"对待等。

而对于"其实不想走"型的核心员工则千方百计地留住。千万不可弄巧成拙，伤害了核心员工的感情，让不想走的员工真的萌生去意。对于这种辞职的核心员工就要采取"快、狠、准"的策略。所谓快就是立即行动，立即倾听核心员工的真实想法，立即对其周遭展开调查，立即召集各部门研究对策并马上实施等；狠就是给核心员工比他想要的更多，包括加薪以及一揽子的激励计划，让核心员工有受宠若惊之感，使其不好意思再提辞职一事；准就是对核心员工"哪痛贴哪"，有针对性地满足其不同需要，这样才能起到最佳的留人效果。

一、流失之痛

核心员工对于企业的意义已毋庸赘述，核心员工的流失对企业来说，又怎一个"痛"字了得。美国的一项研究发现，有65%的公司，员工离职成本为每人1 000~10 000美元；有10%的公司，员工每人超过20 000美元。这只是表面成本，再加上招聘与培训新员工的成本等各方面的投入，员工离职成本将高达离职员工全年工资收入和福利成本的2倍甚至更多。

人才流失给企业带来的损失到底有多大？我们来看个案例，曾有人调查了某家国有化工公司。该公司现有员工1 200人（其中专业技术人员310人），从2007年开始，每年均有优秀的专业技术人员离开公司另谋高就，截止2010年累计人才流失97人。

通过对该公司的调查和分析，调查者认为，人才流失给企业带来的损失主要有直接损失和间接损失。

1. 直接损失

直接损失主要包括人才成本、人才重置成本和无形资产损失等损失。

（1）人才成本

人才成本是指人才在成长期内公司为其付出的人工成本、培训费用等各项成本之和。一般来说，人才的成长期因企业的情况不同而有所不同。但值得注意的是，在人才成长期内，企业主要是成本投入，回报率几乎为零。如果离职员工工作年限小于人才成长期，企业基本上只是成本投入，而得不到回报。

在该公司内，由于科技含量加高，人才成长期相对较长，平均为5年；同时离职员工工作年限均小于人才成长期，也就是说，对于这些专业技术人员，该公司只有投入，他们的流失造成公司人才成本损失共1 812.2万元。

(2) 人才重置成本

人才流失后，为了企业的生产需要招聘新人，重新投入成本培养人才，该成本即为人才重置成本。人才重置成本一般高于原来损失的人才成本，该公司又将投入 2 049 万元的人才重置成本。

(3) 无形资产损失

2008 年该公司某技术骨干离职时，带走的科技成果造成公司无形资产损失 385 万元。2009 年某科研小组 5 人全部被竞争对手挖走，同时带走了一项专利，无形资产损失 1 721 万元。

以上人才成本、人才重置成本、无形资产损失等三项直接损失共计 5 967.2 万元，相当于该公司 2009 年全年利润总额（6 003.4 万元）。

2. 间接损失

间接损失主要包括可计算的间接损失和不可计算的间接损失。

(1) 可计算的间接损失

由于竞争对手掌握并运用了该项专利技术，开发出的新产品很快抢占了市场，使得该公司市场份额缩水、举步维艰。与 2008 年相比，2009 年第一季度销售收入下滑了 31%，利润下降了 37%。

(2) 不可计算的间接损失

人才流失对现有员工的心理造成很大冲击，使得该公司现有员工人心浮动，工作热情相对下降，工作效率大幅度降低。

这只是对于企业的一般员工而言，难道核心员工流失的代价是可以计算的吗？核心员工流失的危害又何止这些可以量化的成本呢？核心员工流失又会给企业带来哪些无形的但却致命的重创呢？

第一，损害企业声誉和形象。我们知道，品牌是企业的生命，品牌带来了口碑，带来了信任，更带来了效益。品牌凝结成企业的声誉和形象，于是名企都有极高的美誉度。这种美誉度不仅打开了市场，获得广大顾客的青睐，从而促进企业利润的提高，同时也吸引着"择木而栖"的良禽们。伯乐的声誉高，千里马们会主动地向其投怀送抱，伯乐"得来全不费工夫"，省却很多择马之苦。这也是为何著名的跨国公司都是精英荟萃，人才济济的原因。

很难讲是先有了伯乐，还是先有了千里马。很难说是伯乐成就了千里马的价值，还是千里马让伯乐更加美名远扬。也许二者是一种互惠与双赢的关系。正因为伯乐与千里马"我选择了你，你选择了我"，才使伯乐更加的伯乐，千里马更加的千里马。那么千里马选择离开伯乐，受损失的会是谁？千里马常有而伯乐不常有的时代已经一去不复返了，现在是千里马常有伯乐更常有，且常常伯乐为了争千里马而头破血流。

21世纪最贵的不是伯乐而是千里马。于是，当千里马离开了伯乐，别人就会质疑是不是伯乐出了什么问题？为什么这么好的千里马要离开？这个伯乐是不是不行了，该退休了？正要投怀送抱的千里马会立马打住，为什么前辈们都走了，我还要去找这样的伯乐吗？可见，千里马离开伯乐可以再找别的伯乐，而伯乐失去千里马就会声誉受损，影响市场，且难觅其他千里马了。伯乐变成了容易受伤的伯乐。

核心员工炒企业的鱿鱼会大大降低企业的美誉度，这种负面新闻损害了企业的形象，也让顾客对企业的信任大打折扣，从而不再对企业忠诚。同时，也会对企业再度引进其他核心员工产生不利影响，因为其他人才在应聘时会对这种企业多打几个问号，更加审慎地选择。

第二，打击员工士气。员工士气从一定意义上决定着一个企业的活力与创造力。士气高涨意味着一个朝气蓬勃的工作氛围，员工积极进取，为实现企业目标与个人目标而全心奉献。士气低落的企业像一潭死水，死气沉沉，员工效率低下，企业管理乏力，企业缺乏发展的活水与动力。而决定着员工士气的是企业文化的特色，是企业的管理风格，更是企业人际关系的融洽程度。

在这个讲求团队合作的时代，很难想象一个因人际关系问题而使士气受挫的企业会有多大的发展空间。而核心员工正是企业人际关系圈层以及企业团队中的关键人物。他们与大家同甘共苦，他们率领大家冲锋陷阵，他们与大家结下深厚情谊而难舍难分。可是，今天，核心员工要离开大家了，从此群龙无首了，员工的士气怎能不受打击？员工又怎会轻易容纳一个新的核心员工来领导他们？于是，我们看到许多核心员工率集团队伍辞职的例子就不足为奇了。

比如前几年是方正集团的助理总裁周险峰携30位方正科技PC部门的技术骨干加盟海信，后来又传出TCL手机事业部高层集体跳槽到长虹，而且其前任总裁万明坚也如大家预料的一样，加盟了长虹旗下的国虹通讯。

这样的集体跳槽事件已经不是一两起了，当年陆强华离开创维，带着一群人去独自创业；"小霸王"段永平出走创造"步步高"，诸如此类的集体跳槽事件屡屡成为大家关注的焦点。据某机构2003年对5 000位至少跳过一次槽的外企员工的统计，有二成属于集体跳槽。

集体跳槽已经成为企业管理的最致命伤害，不仅严重打击了公司的生产经营和日常管理，更严重地破坏了公司的形象和商誉，造成的损害短时间很难弥补。

不管是创维还是TCL的手机业务，包括方正PC事业部，在经历了这样的人事振荡后，几年内都不容易缓过劲来。

所以，企业应该意识到，有时一个核心员工的离职就意味着一群员工的"离心"。核心员工在企业中的举足轻重的影响力使其在离职时容易在其他员工中掀起一股"离心力"，进而对企业产生杀伤力。企业不能没有员工士气，不能失去民心，因而不能轻易地让核心员工流失。否则企业将可能痛失一群爱才，痛失员工队伍的朝气与活力。

第三，影响企业的整体效率。"火车跑得快，全靠龙头带"，核心员工是企业运转当之无愧的龙头。核心员工掌握尖端的专业技术，从而把企业带进同行业的领先水平。核心员工有着高超的管理水平，可以让企业持续稳定高效地运转。

核心员工有着快人一步的抢占商机的决策能力，让企业在激烈的竞争中总是立于不败之地。核心员工这些素质使企业这个火车跑得又快又稳，遥遥领先。而如果龙头没有了，企业又没有合适的龙头可替换，或者替换得不及时，都将极大影响企业整体的运转效率。火车极有可能跑得慢了，甚至完全停滞。那么，竞争对手将其追赶上就是不费吹灰之力的事了。

第四，损失客户关系。"顾客是上帝"，没有了顾客，企业也就失去了生命力以及存在的意义。顾客是企业宝贵的财富，与企业的专业技术、商业秘密一样，是企业核心的智力资源。

核心员工是与企业客户尤其是 VIP 打交道最多的人，他们容易与客户逐渐产生私人信任，从而将企业的这一大资源私人化。他们的离去意味着一大票重要的客户关系也随之而去，企业将永远地失去这些长久建立起来的资源。而怎样不让核心员工带走企业的客户，让客户只是企业的客户而非核心员工的客户，又是一件极难操作的事。这也是核心员工的流失让企业最为痛心疾首的原因，因为其不仅带走了自己，也带走了企业的资源。

第五，增大企业运营危险。当今社会经济情况变幻莫测，企业随时面临着决策风险、经营风险、技术进步风险、创新风险、市场风险等。稍有不慎，企业就有可能被风险击垮甚至招来灭顶之灾。那么风险的防范靠谁？靠核心员工。

核心员工对企业各方面风险的出现有敏锐的洞察力，并且具有高超的规避风险的能力。这些都可以保证企业整体价值创造的顺利进行以及平安运营。而核心员工的离去会使企业在面对这些风险时手足无措，降低了企业抵御风险的能力，这对于企业来说无疑是危险的甚至会是损失惨重的。

第六，降低企业核心竞争力。核心员工是企业核心竞争力的打造者，核心员工的流失就意味着企业核心竞争力的降低。现代企业的竞争就是人才的竞争，谁夺得了人才，谁就占领了先机。因为核心员工是企业价值的创造者，是企业创新的活的源泉，是企业不断发展的不竭动力。

核心员工的专业素质、创新能力等都凝结成企业的核心竞争力，企业重金聘用人才，高薪挖来人才，目的都是为了在自己的竞争力方面加上一个重重的砝码，从而在与对手过招时更加自信。

企业不能没有竞争力，没有竞争力的企业危在旦夕。因此企业不能没有核心员工，没有核心员工企业的竞争力无从树立。

二、流失之因

为什么千里马要离开伯乐？为什么企业与核心员工的关系成了铁打的营盘流水的兵？为什么人才流失如此严重？

这背后的原因是多方面的，是错综复杂的。综合所有因素，可以把核心员工离职原因分为两大类。一个是企业方面的问题，包括企业制度、管理风格、用人模式等。另一个是核心员工自身的问题，如其高流动性的特性、人际关系问题以及其他个人问题等。

先从企业方面来看，第一，待遇问题。这永远是人才流失中首当其冲的因素，对于核心员工也不例外。

从马斯洛的需要层次学说来看，待遇主要用来满足人们的生理需要以及一部分安全需要。任何人工作首先是为了生存，是为了先满足最基本的需要。一般员工的需要层次结构中，高级需求所占比例不大，他们的生理需要、安全需要、社交需要等低级需要是占支配地位的，因而，他们选择一家企业，首先关注的是企业的待遇状况。如薪水是否有吸引力，福利是否让人满意。如果待遇太低，他们一般不会考虑在这家企业工作。

对于核心员工来说，情况并不完全相同。他们迫切需要满足的是尊重需要与自我实现需要等高级需要，因为这些需要在他们的需求层次结构中占主导地位。这并不是说他们就没有低级层次的需要，或者低层次的需要都已完全得到满足，而是说待遇问题往往不是核心员工选择一家企业首先考虑的问题。他们更看重的是企业给他们的个人发展空间，企业文化状况等与自我价值实现有关的因素。

但绝不能因此怠慢核心员工的待遇，他们不太关注，并不等于他们完全不在乎，更不等于说你的竞争对手不在乎。给核心员工的待遇在一定意义上反映着这个核心员工的市场价值，你给的待遇过低说明你的核心员工市场价值不高，或者你对他的评价不高。如果是前者那问题不大，如果是后者，立马就会有对你的核心员工有高评价的竞争对手出现，他们会抛出诱人的高薪挖走你的核心员工。

核心员工投入了对手的怀抱，并不是说他很在意你给的薪水是高是低，而是那个数字反映着你对精英的重视程度，反映着核心员工的"身价"。而核心员工在业内是有一定知名度的响当当的人物，身价"缩水"是他们所不能接受的，他们跟随你的竞争对手而去是必然的。

在前程无忧网 2010 年 12 月份组织的《2010 年员工离职状况调查》中显示：参与调查的 1 610 名被访者在回答"最近一次促使你跳槽的主要原因"时，49.63%人是因为"对公司的薪资福利不满意"，占所有原因的第二位，第一位是"出于个人职业考虑（52.11%）"。而回答"跳槽之后的收获"时，49.75%的人反映"薪资待遇有提高"，远远高出其他选项，如"工作环境有改善（27.89%）"、"有学习培训机会（26.83%）"、"职位有提高（20.93%）"等。这反映出"薪资待遇"这一因素在吸引人才、留住人才方面仍然有着很重要的作用。

"如果一份新工作给你很好的职位，但因为某些原因，薪水反而有所降低，你会接受吗？为什么？"对于这一问题的回答，在《人力资本》杂志编辑部随机抽样选取部门经理进行调查时，53%的人表示"不能接受"，"因为工资能说明职位的重要性和地位"、"因为生存是第一位的"，其余的人则表示"暂时的可能接受，但还需要再看看"。

薪金对人才的吸引力有多大？HR（Human Resource 的缩写，人力资源）经理们是最有发言权的。一份调查显示：看惯了"人来人往"的 HR 们，对"高薪吸引人才、低薪影响热情"这样的论断表示了理解，超过 80%的被调查者认为，高薪对于人才的吸引无疑是第一位的。"因为对于大多数人来说，首先需要相对富足的收入来解决生活之需，然后才能静下心来做自己的专业工作。"有超过 60%的被访者认为"高薪能挖到人才"。运用薪酬手段来吸引人才，已经在企业界得到广泛认可与应用。

华为曾经因为出名的高工资而吸引了一大批优秀的人才。一名摩托罗拉公司的经理说："过去华为要挖我们的人很容易，但我们要挖华为的人不容易，对方的高工资是原因之一。"但是后来不少华为人离开而选择创业，也有待遇与激励机制等方面的原因，"不少员工并不清楚自己付出与回报是否相等，而企业也似乎没有拿出解决这一问题的方案。"

首信集团副总裁李溶说："首信作为一家国有控股企业，薪资水平与外企等还是有一定差距的，但是我们在与咨询公司合作，进行薪酬改革，要使我们企业的薪酬具有市场竞争力，具有一定的外部公平性，尤其是对于特殊岗位的特殊人才。"待遇中的福利问题也是一个重要方面，对核心员工超规格的优厚福利，不仅会让核心员工有受重视、受重用的感觉，更会培养他们对企业的忠诚度与归属感，这对留住核心员工来说是至关重要的。

待遇中一个最重要的因素就是公平问题。这是所有企业在绩效评估以及薪酬分配方面要特别注意的问题。不公平的待遇不仅起不到激励的作用，反而引起员工对企业的不信任，进而降低员工对企业的忠诚度。

核心员工尤其如此，在他们的价值观念中对于公平的追求更是远远甚于一般员工。只要他们发现企业的不公平现象，他们会立即动摇对企业的信心，何况还有那么多你的对手翘首盼着你的核心员工的加盟。

所以，有时并不在于你要给你的核心员工多么天价的高薪，而是你对薪酬的分配一定要是公正公平的，不能有任何偏袒或"猫腻"，否则你的核心员工一定会头也不回地离去。

第二，招聘制度有缺陷。引进的核心员工会离开，也许是从招聘这第一道关口就没有把好关，才后患无穷。企业应该反思是不是引进核心员工的渠道选择错误，明明该从内部招聘成长起来的核心员工，但是却选择了风险更大的外部招聘。或者本该接受内部员工的推荐而没接受。又或者是过度信赖了校园招聘的大学毕业生？

不管哪种渠道，它是不是最适合你的企业？是否适合你企业的传统，管理制度，用人风格等。从错误渠道更容易引进错误的核心员工。所谓"棋错一着，全盘皆输。"你还要好好审视一下你的招聘官，他们的素质如何？他们能帮你招来你想要的核心员工吗？他们会不会在招聘时戴着有色眼镜呢？招聘官的水平直接影响着你所引进的核心员工的质量。如果他们不够透彻领悟企业真正需要的人才的类型，如果他们有自己强烈的个人偏好，如果他们在招聘时有走后门等舞弊行为，那么可以肯定地说，他们所引进的核心员工干不久，你想留也留不住。

因而，现在各个企业都充分重视招聘官的选用问题，很多企业在招聘重要的核心员工时都由企业家亲自挂帅，亲自选拔，以避免招聘官选错人的情况。再者你还要检查一下你在招聘核心员工时所运用的测评工具是否合适，是否能帮你找到你需要的核心员工。你的测评工具一定要能体现出你需要的核心员工的核心素质，一定要能检测出核心员工与工作岗位的匹配程度，一定要能考查出核心员工的性格特征与气质类型是否能与企业的氛围相吻合。

这不仅仅是筛选简历这么简单，也绝不是草草过场的面试形式。你的测评工具必须经过科学的调研与设计，切实可行并行之有效。当然这种工具不是千篇一律的，各个企业有其不同的经验与特色，盲目照搬照抄会弄巧成拙。比如壳牌公司招聘人才时主要是着眼于未来的需要，所以十分看重员工的发展潜质。

壳牌把员工的发展潜质定义为"CAR"，即分析力（Capacity）：能够迅速分析数据和学习，在信息不完整和不清晰的情况下能确定主要议题，分析外部环境的约束，分析潜在影响和联系，在复杂的环境中和局势不明的情况下能提出创造性的解决方案。成就力（Achievement）：给自己和他人有挑战性的目标，出成果，百折不挠，能够权衡轻重缓急和不断变化的要求，有勇气处理不熟悉的问题。关系力（Relation）：尊重不同背景的人提出的意见并主动寻求这种意见，表现诚实和正直，有能力感染和激励他人、坦率、直接和清晰地沟通，建立富有成效的工作关系。

而摩托罗拉公司则是5个E。第一个E——Envision（远见卓识）：对科学技术和公司的前景有所了解，对未来有憧憬。第二个E—Energy（活力）：要有创造力，并且灵活地适应各种变化，具有凝聚力，带领团队共同进步。第三个E——Execution（行动力）：不能光说不做，要行动迅速、有步骤、有条理、有系统性。第四个E——Edge（果断）：有判断力、是非分明、敢于并且能做出正确的决定。第五个E——Ethics（道德）：品行端正、诚实、值得信任、尊重他人、具有合作精神。

宝洁公司有八项基本原则。宝洁公司对人才重要性是这样理解的：如果你把我们的资金、厂房及品牌留下，把所有的人带走，我们的公司会垮掉；相反，如果你拿走我们的资金厂房及品牌，留下我们的人，10年内我们将重建一切。宝洁公司对人才素质的要求归结为8个方面：领导能力、诚实正直、能力发展、承担风险、积极创新、解决问题、团结合作、专业技能。需要指出的是这8个方面是并列的，没有顺序先后。诚实正直和专业技能一样重要。

另外，企业在招聘时是否关注了核心员工的诚信品质，跳槽经历，处事风格等重要的软件因素。一个人的工作能力可以通过培训锻炼而不断提高，但品质是很难改变的。大多数名企在招聘时都把这一素质列为首位。虽然核心员工的高流动性是其一大特点，但过于频繁跳槽的核心员工，其他企业在接纳他时一定会有不安全感，不知道自己何时也被他抛弃。

因而，你在招聘核心员工时要重点对其诚信品质与跳槽经历展开背景调查，若他是一位跳槽老手，那么即使其再优秀你也只能与其保持距离了，否则，不久后他一犯老毛病就会给你带来伤害。

最后，还有很重要的一点，就是企业在招聘核心员工时是否与其进行了很好的双向沟通，即不仅是企业问他答，企业也要问清他的需要，尤其是坦白告知企业的价值观及企业文化，看其能否认同，能否与之相融。

如果核心员工能够接受企业的价值观及企业文化，那么引进后的工作就容易开展，反之则极易引起核心员工的种种"水土不服"现象，并导致其最终的离职。在招聘这第一道关口如果出现了上述问题，那么引进的核心员工要离职就是不可避免的了。

第三，企业授权不充分，核心员工感到缺乏个人发展空间。这个原因是核心员工离职原因中所占比例最大的一部分。因为核心员工来到企业不仅仅是找个稳定的饭碗，或为了养家糊口而不得不工作。他们是要来施展才华的，他们是要来干一番事业的，他们要实现自我价值的满足感，他们需要满足自己步步高升不断攀登高峰的成就感。

那么，企业愿意为你的核心员工搭建这样的一个舞台吗？企业愿意提供一切支持来成就核心员工的事业吗？如果答案是肯定的，那么核心员工必将大显身手，助你完成大业。如果答案是否定的，核心员工就会离你而去，另觅广阔天地。心有多大，舞台就有多大。

核心员工的想法很大，如果企业给的舞台太小，就会失去他的心。

现在企业都在讲授权，普遍意识到了授权的重要性。对于一般员工的授权，首先要确定授权对象，选准可以利用权力顺利完成任务的人选。而后决定授权的范围，即授予哪些权力，哪些权是可以授而哪些权是不能授的。最后还要注意对被授权员工的监督，以防其滥用权力。

可见，对一般员工的授权有着种种限制，这是由一般员工能力的局限决定的。也就是说，对一般员工的授权是要"束手束脚"的，不能完全放开，不能充分授权，以免一般员工能力不足不能胜任，或者滥用权力给企业带来损害。而对于核心员工情况就不同了，一般情况下，他们不会出现不能胜任工作的情形，只存在企业给他们的授权是否充分的问题，即企业是否充分信任他们的能力而放心地将权力交给他们。

实践中，常常出现核心员工因得到的授权不够充分，只是像木偶一样机械地按照指示完成任务，他们感觉不到工作的成就感，体会不到工作的乐趣，更看不到自己还有多大的发展空间。对于视成就感为生命的核心员工来说，最痛苦的事莫过于此。那么，"很受伤"的核心员工只有选择离开。那么，为何企业不肯放手把权力交给核心员工，让其大干一番呢？这么做难道对企业不也是一种有利的事情吗？其原因可能与企业主的妒才忌能有关。

核心员工是企业的明星，他们有鲜明的人格魅力并在企业中有很大的影响力，甚至超过了企业主。有的企业主对其有功高盖主的顾虑，不愿再把过多的权力授予核心员工。而事实上，也确实有核心员工利用自身影响力率领其他员工集体跳槽的情况发生。但企业绝不能"因噎废食"而不对核心员工充分授权。因为授权表达的是对核心员工的信任与肯定，更是对核心员工的一种很好的激励。

用人不疑，疑人不用。对核心员工不信任就不要聘用他，聘用他就要充分信任他，放心授权给他。而且授权后还要给予一切可能的物力、财力及人力的支持，做好后勤工作等。充分授权的理想状态是在招聘核心员工时就承诺好对于核心员工的职业生涯设计，给予其怎样的个人发展空间等。核心员工就职后及时予以实施，在实施过程中做好与核心员工的沟通，及时了解核心员工的想法来不断调整计划。让你的核心员工时时刻刻感受到你的信任与重用，核心员工就会全身心奉献企业，回报于你。没有舞台的明星无法闪烁耀眼光芒，没有明星的舞台无人喝彩，为了留住明星的人和明星的心，现在请企业放手为其搭建一个足够大的舞台吧。

再从核心员工的角度来看，核心员工选择离开也不可完全归咎于企业的自身因素。第一，人际关系问题。在企业中流传一句话"为企业而来，因经理而去"，这从一个侧面反映了人际关系在决定员工去留时所起的举足轻重的作用。在满足了基本的薪酬待遇等需求后，人们需要进一步满足的是社交需要。因而，员工在选择一家企业时会把优越的工作环境，和谐的人际关系当做一个重要的考量因素。

如果一家企业给员工很高的待遇，但工作环境氛围压抑，人际关系紧张，员工一定会谨慎抉择。很难想象，一个所有人都在忙着钩心斗角的企业会有怎样好的发展前景，家不和则百事衰。但人际关系出现问题却不能完全归咎于企业，一个人与别人打交道的能力、处世能力都是其综合素质的一个重要方面，尤其是在这个讲究协作的社会里。

相对于一般员工，核心员工在这方面更加容易出问题。核心员工一般都具有强烈的个性，极强的自尊心，喜好自由，蔑视权威，厌恶专制。他们极易与领导产生摩擦，比如和领导意见不一，看不惯领导过多的指手画脚，不喜欢领导的处事风格等。在企业中，经常发生核心员工仅与企业领导一言不合就递上辞呈，拍屁股走人的现象。这会给企业带来难以估量的损失。另外，核心员工还很有可能在与团队的合作中发生冲突。

核心员工单打独斗起来都是英雄，但是有些核心员工缺乏团队精神，缺乏与别人沟通的能力与技巧，一个人工作是一条龙，与一群人工作就成了一条虫。而当今社会企业间的竞争实质上是团队力量的竞争，企业不可能仅依靠一两个核心员工在业内立足。不能很好地与团队合作的核心员工即使再优秀，企业也不敢聘用。各个企业一般都把核心员工的团队精神列为企业最需要的核心素质，在招聘时运用各种手段重点考察。因为核心员工是企业的灵魂人物，是团队的领袖人物，如果他们连基本的团队合作精神都不具备，又何谈领导整个企业团队冲锋陷阵？他们的领导水平与沟通能力直接决定着团队的效率与创造力。核心员工团队精神与沟通能力的缺失不仅使自己个体的身价大跌，更会削弱整个团队的战斗力，甚至使团队陷入群龙无首、近乎瘫痪的境地。其对于企业的伤害将是巨大的，企业的核心竞争力将大大降低。

企业若招进了这样的核心员工，应该加强团队合作的培训以求改善，如果无法改变，总是心存别扭的核心员工就会递交辞呈。人际关系处理不好也在核心员工离职理由中占有很大比例，他们的一些鲜明个性有时是他们的特色，有时也是他们的软肋，而如果一家企业的工作直指其软肋，他们会无奈地选择离开。

第二，与企业文化不相融。这是核心员工所有的离职理由中最为深刻，最具根本性的一个。一般而言，核心员工比一般员工更关注企业文化状况。因为他们的尊重需要与自我实现需要等高级需要占支配地位，而核心员工的这些需要能否得到满足与一家企业的企业文化密切相关。

有人说，当今企业的竞争是人才的竞争，而人才竞争的背后是企业文化的竞争。企业的技术可以被复制，人才可以被挖走，但企业文化是其他企业无法完全效仿的。独特的企业文化塑造着一家企业的核心竞争力，而核心员工又是打造企业竞争力的具体实施者，核心员工与企业文化相融，就是"强强联手"，能够使企业在商业战场上所向披靡。而如果核心员工与企业文化不相融合，那么核心员工就会"英雄无用武之地"，企业文化也难以彰显其独特魅力，核心员工迟早会选择离开。

核心员工与企业的相融合问题应该是企业在对核心员工从选到用的一系列管理环节中最为关注的问题。从招聘这第一个环节开始，企业就应该对核心员工与企业文化的融合性或融合可能性进行考察。可以运用各种测评工具，更加重要的是与核心员工的沟通，让核心员工对企业文化有尽可能多的了解，进而判断相互融合的可能性。可以说，这应该是招聘工作的核心环节。

所以，很多名企在招聘核心员工时都会由企业家亲自出马，目的就是使核心员工更加直观地从企业家身上感受企业文化的特色。如果在招聘的这一关口把好了关，招进来的核心员工没有严重地与企业文化相抵触的情况，就会免去很多后患。

引进核心员工之后，即使其与企业文化能够相融合，仍旧不能掉以轻心。在对核心员工的一系列培训与充电过程中都要强化企业文化的渗透，要让企业文化真正渗入核心员工的血液，成为其不可或缺的一部分。

针对核心员工的培训都是高层次的培训，最好的做法就是，由企业家亲自做核心员工的培训师，这不仅体现了对核心员工的重视，是对核心员工的一种激励，而且会更加便捷地通过企业家的言传身教对核心员工进行企业文化渗透。然而，不管企业怎样从招聘到培训作了种种努力，仍无法彻底消除核心员工与企业文化相抵触的现象。

严格地说，核心员工与企业文化不相融既不是企业的错，也不是核心员工的错。核心员工选择离开，不是企业无魅力，更不是核心员工不优秀，而是你们"不适合"，且这种不适合是根本性的不适合，如果说其他原因导致的核心员工离职都还有挽救余地的话，那么，对于与企业文化不相融而要离开的核心员工来说，任何的挽留，任何的亡羊补牢恐怕都无济于事了，核心员工的离开只是个时间问题。

第三，核心员工其他方面的个人问题。虽然所占比例不大，但核心员工的个人问题也是其离职的一部分原因。比如，核心员工有出国计划，有留学打算，或者需要照顾家人，又或者需要教育孩子。而这些问题有时只要企业稍加努力，对于核心员工来说就不再是问题。

又比如，核心员工要出国，那就要搞清楚其出国目的是做什么。只要不是移民，企业完全可以让其打消这一计划。比如，企业可以用出国培训的机会来挽留核心员工，让其放弃自己出国的念头。即使是移民，你也完全可以用优厚的待遇及广阔的发展空间将其留下，哪怕是先留下几年再走，使其推迟移民计划，再为企业多创造几年价值。如果是核心员工家里有病人需要照顾，你完全可以帮其雇用护理工照顾家人以免去其后顾之忧，或者放核心员工年假而打消其辞职念头，又或者给核心员工弹性工作时间，让其灵活掌握时间，做到工作、家庭两不误。在核心员工照看或教育孩子方面你也能帮上忙，比如有的企业在企业内部设立托儿所，让女性员工带婴儿上班，并予以安排哺乳时间。

这么人性化的待遇，相信任何员工都不忍离去。把核心员工的个人问题当做企业的问题努力加以解决，那么你就会停止核心员工离开的步伐。

三、这样留住核心员工

既然核心员工的离去会让你如此"心痛",既然你也明白了核心员工离去的种种原因,那么,下一步,你该怎么做呢?你该留住你的精英部队,并且要使出浑身解数,调动一切资源,用尽各种方法,不惜任何代价,既要留住核心员工的人,更要留住他们的心。赶紧制订并实施你的留人战略,首先要坚持几大留人基本原则的指导。

态度决定一切,在你挽留核心员工之前要扪心自问一下,你是真心实意想留住他们吗?这就是留人原则中的真诚原则。你的核心员工要离开,不管是出于什么原因,可以肯定地说,你的沟通机制出现了问题。如果这个贯穿管理核心员工始终的问题没有处理好,那么在挽留核心员工时就要马上实施补救措施。这是留人原则中的沟通原则。

核心员工选择离开有各种各样的原因,一定是其需求层次结构中的某一个层次需求没有得到满足。你要做的就是找出这个需求是什么,有针对性地加以满足。这就是留人原则中的对症下药原则。

1. 留人的基本原则

在留人战略的基本原则中,首要原则就是真诚原则。态度决定一切,你对核心员工的挽留"心诚则灵"。你的真诚程度反映了你对人才的态度,是不是还秉持传统的落后观念只把人才当工具,是不是既想让马儿跑,又不想让马儿吃草;是不是忌才妒能,怕人才功高震主。

如果你的企业是这样的一种用人风格,那么你对人才的态度显然是不够真诚的。也许你对核心员工的挽留只是表面客套,心里却巴不得其早走,以为人才到处都是,不怕招不来。如此态度，难怪核心员工在你的企业待不下去，你再用这般"礼遇"对待核心员工的辞职，就是让核心员工彻底死心，头也不回地离开。

我们之所以强调真诚的重要，是因为真诚的背后表达着一种尊重，一种以人为本的理念。核心员工最核心的需要之一就是尊重的需要，不管是在企业中管理核心员工还是在核心员工要离去时对其加以挽留，你都要满足核心员工的这种需求。

真诚就是意味着你要尊重核心员工的价值观念，尊重他的个性特点，耐心倾听其对企业的建议和意见，努力解决其遇到的问题。只有你对核心员工像海尔那样"真诚到永远"，核心员工才会对你忠诚到永远。否则，千里马只好另觅真正尊重它的伯乐。

摩托罗拉公司企业文化的基石是对人保持不变的尊重。高尔文家族在某个阶段也许会放弃一些业务，但他们从不放弃凝聚全球的员工，始终把"肯定个人尊严"的人才理念作为指导企业发展的最高准则，强调企业要发展，首先必须尊重人性。他们非常注重与员工的沟通，令员工深切地感到彼此之间都是朋友。公司总裁每周都会发一封信给员工，把他这一周会见的客户、所做的事情告诉员工，包括他这周带孩子去钓鱼这样的事也会在信中与员工交谈。总裁不是以高高在上的口气与员工对话，而是以一个普通人的身份，把自身的经历、经验写给员工，信中还经常提出希望员工们要关心自己的家庭等。

三星数据人力资源总监举了他身边的一个例子："一个朋友最近从一家企业跳槽到了另一家企业，前面那边企业的人很不理解：他们付的薪水比我低、工作比我们紧张、路程比我们远，可是为什么你还要跳？"那个朋友的回答是："在新公司里我能得到更多信任，得到重用。我能感受到工作的快乐，并且快乐地工作。"

如果真诚是你的态度，那么你一定要表现出来，表达出来，对于核心员工千万不可"爱你在心口难开"。特别是已经到了核心员工准备弃你而去的紧急关头，这个时候，你更不能"羞羞答答"，重要的是"爱要说，爱要做"，你必须要让你的核心员工感觉到你的真诚。

具体地说，一接到核心员工的辞呈，要立即放下手上的一切工作来研究对策。在与核心员工沟通时，态度诚恳地表达企业对核心员工的重视与不舍，用你的诚意打动核心员工的心。在对核心员工进行挽留时，要不惜成本，舍得任何代价，让核心员工看到企业挽留他的迫切愿望与急切心情。在一切努力都于事无补时，你要尊重核心员工的选择，与其好聚好散，并祝福似锦前程。你的真诚也许会迎来好马也吃回头草，或者得到核心员工的其他回报。

第二个原则是沟通原则。对于一家企业来说，沟通应该无处不在，应该贯穿于从上到下管理的各个阶层，各个阶段的始终。你与员工的沟通包括告知企业的战略目标，让他们明白企业的下一个目标是什么，他们又该做什么；要与员工进行企业价值观与企业文化的沟通，促进员工认同企业价值观，与企业文化融合；企业要及时告诉员工企业战略的变化与企业决策的调整，征求员工的意见并要求其做出相应的调整。

沟通原则还有一个重要方面就是及时地与员工对其职业生涯设计进行探讨，听取员工的需要，并做出相应的改进与调整。企业的目标会变，员工的个人目标也会变。企业不能只一味地发号施令让员工调整自我目标而迎合企业目标的变化，而要关心员工的职业生涯设计情况。这对于核心员工来说尤为重要，因为缺乏个人发展空间往往是其离职的最大原因。

在理想状态下，企业的沟通渠道应该是通畅的，核心员工知道企业要做什么，企业也知道怎样帮助核心员工进一步发展事业。

某公司设立有一个高管管理部，专门为各分公司总经理、副总经理以及不同岗位上的核心员工提供服务。除了细化各种日常的人事服务、行政服务等事务工作外，高管管理部的一个重要工作就是沟通，听取他们的各项需要，关注他们的心理动态，帮助他们协调解决各方面事宜。

先且不论"高管管理部"的服务质量如何，单是从中体现出的企业对人才的尊重与重视的态度，就已经让人心中受用了。越来越多的企业已经认识到沟通的重要，通过各种方式开展交流，疏通沟通渠道。为了激励员工参与交流活动，需要各种不同的正式和非正式交流渠道。正式渠道包括提出建议的流程、企业内部网上的论坛或者反馈表格等；非正式渠道可能包括部分职员的开会和其他类型的面对面交谈。员工们必须了解这些渠道。

某公司总裁定时召开会议，而且安排大多数的时间听取员工的意见、了解员工的思想。每次会议开始时，他总是简明扼要地说明本次会议是介绍员工感兴趣的业务或话题的最新进展情况。会议议程主要由员工的提问和管理层的回答构成，讨论主题并非事先设定，也不做什么限制。每次人们总是踊跃参加，从收回的调查表来看，员工对总裁抽出时间同他们会面印象深刻，他们欣赏这种方式。

然而，员工通常不愿意直接说出他们的想法。即使在最为开放的企业文化中，总有些员工有了好主意，却由于某种原因难以公开表达出来。在这种情况下，应允许员工使用匿名的意见反馈系统，意见箱是一种选择。而且，现代技术（网络和电子化的交流手段）为此提供了表达途径。

但是，现在企业的核心员工递交了辞呈，那么，不管其理由如何，可以肯定的一点就是企业的沟通机制出现了问题，企业的沟通渠道出现了阻塞。不然不会出现你所重用的核心员工都要弃你而去了，你竟一无所知，还蒙在鼓里的情况。

你最不愿看到的事情已经发生了，现在唯一能做的就是亡羊补牢了。那么，赶紧与你的核心员工坐下，来一场面对面的推心置腹的沟通。要注意的是，千万不可只顾自己喋喋不休地说，抛出种种优厚条件加以挽留，现在你要做的是听众，你要把话语权向核心员工倾斜。

只有通过这种双向沟通，你才能知道核心员工的心声，才能知道其离职的真正原因，才能知道管理中心哪个环节出现了差错，进而才能研究出对策，解决问题。否则，核心员工要事业你却只给他加薪，他要加薪你却一味地以情留人，你所有的"一厢情愿"的努力都是浪费。要对核心员工"哪痛贴哪"，对症下药，唯一的也是最好的方法就是有效的沟通。

第三个原则是对症下药原则。这个原则应该是留人原则中最为适用也最为有效的一个。对症下药就是根据核心员工的需求特点有针对性地给予满足，在弄清核心员工离职的真正原因的情况下，具体问题具体分析，从根本上解决问题。

一般来说，核心员工提出离职是其需求层次中的高级需求，即尊重需要与自我实现需要没有得到满足。比如说，企业授权不充分，使核心员工感到英雄无用武之地。或者核心员工感到不被企业重视，被大材小用等。那么，企业在接到核心员工辞呈时，应首先在大脑中反思一下是不是核心员工的高级需求没有得到满足，而不像对待一般员工先想到的是薪水与福利的问题。

同时，要注意也不能一概而论，对核心员工挽留上"一刀切"，只用事业留人。还是要与核心员工做好沟通工作，了解其离职的真正原因。也许是你的竞争对手给出了诱人的高薪，也许是核心员工感到缺乏个人发展空间，也许是核心员工的人际关系出现了问题，也许核心员工遇到了其他个人的变故。

搞清楚核心员工真正的需求，真正的困难，然后制订相应策略，决定是情感留人还是事业留人，是给其加薪还是升职，是单刀直入还是双管齐下。对于核心员工，必须设计有针对性的个性化留人战略，对症下药，才能从根本上解决问题，真正把企业的核心员工留住。

2. 留人的方法

在留人原则的指导下，接下来就应该实施各种留人方法挽留住你的核心员工了。要留住核心员工，必须要打造能够留住人才的企业硬环境和软环境。先从企业硬环境来说，就是一个企业实力的问题。优秀的核心员工一般不愿在一个实力不强、知名度不高的企业工作，即使他能得到很高的薪酬或受到重用。

因为核心员工都是业内的佼佼者与顶尖人物，他们希望能够在与自己的同仁谈及自己效忠的企业时是引以为豪的，是能够迎来对方羡慕的目光的，这会满足核心员工的"虚荣心"，因为他们把这看做自己身份的象征。这就是跨国公司、著名企业人才济济的原因，企业的牌子够响亮，有时高薪也挖不走你的核心员工。

反之，你的企业是"小庙"，想留住核心员工这个"大和尚"就有些困难了，你给的薪水再高，职业发展空间再大也还是难以培养核心员工的忠诚度。毕竟还是名企"看上去很美"，说出来有面子，恐怕名企的召唤对核心员工来说是挡不住的诱惑。发展是硬道理，要留住你的核心员工，最根本的是使自己足够强大。

即使你的企业是"小庙"，也要作"小庙"中的强者，成为著名的"小庙"，然后逐步向"大庙"的方向迈进。即使你不是名企，你也一定要努力提高自己的美誉度，塑造良好的企业形象，赢得良好的口碑。

具体说来，在用人方面，就是要树立企业的招聘品牌，就像顾客认可企业的产品品牌一样，让应聘者被你的招聘品牌所吸引，比如你可以在招聘广告中用轻松幽默的口吻描述你的工作岗位，你可以真诚地承诺你对人才的尊重与重用等。

西门子注重的是长期发展，员工是公司最重要的财富，因此尽管在全球经济不景气，裁员、减薪之风四起的大环境下，西门子并没有任何裁员或减薪的计划。可见西门子是值得员工信赖和依靠的。从西门子的创始人维尔纳·冯·西门子开始就营造尊重并重用人才的企业文化，对人才的重视已经为西门子在全球业界树立了良好的企业形象，这是吸引优秀人才加盟的重要因素之一。

美国西南航空公司在激烈的人才争夺战中，用独树一帜的

"最佳雇主品牌形象"吸引和留住了符合企业核心价值观的员工。"最佳雇主品牌形象"是公司对员工做出的一种价值承诺，是一种与客户服务品牌同等重要的内部品牌。在 2000 年，美国西南航空公司的每一位员工都收到了一份包括保健、财务保障、学习与发展、变革、旅行、联络、工作与休闲、娱乐等 8 项自由的"个人飞行计划"，该计划将"最佳雇主品牌形象"通过警句的形式传达给广大员工："西南航空，自由从我开始"。

西南航空公司认为每一位员工都是实现自由承诺的要素。他们通过建立"最佳雇主"的内部品牌来激励员工，为员工提供充分的自由，不仅使员工与公司之间产生了强大的亲和力，而且有效地激发了员工创造优质客户服务品牌的热情。

该公司员工福利与薪酬总监说："我们希望通过自由承诺进一步加强优秀人才的敬业精神，'优秀雇主'这一称号使我们在吸引和留用优秀人才方面获得了更大的竞争优势。"总而言之，企业要留住核心员工就要靠实力说话，用企业的魅力打动核心员工的心，让核心员工为你"死心塌地"，让核心员工感到跳槽到任何企业都会有"曾经沧海难为水"之感，那么，你的核心员工是任何对手也挖不走的。

企业实力固然重要，但如果企业的软环境出现了问题，恐怕还是会导致核心员工流失的后果。

在用企业的软环境留人方面，各个企业普遍采用情感留人、事业留人与待遇留人等几大方法。此外，还有用制度留人，用企业文化留人，用工作乐趣留人等。

第一，情感留人。人非草木，孰能无情？情感留人就是利用核心员工对企业依依不舍的情感战胜其打算离职的想法，让核心员工在做出对企业去留的抉择时情感占上风。情感留人可以分为核心员工对领导的情感以及核心员工对同事或团队的情感。核心员工对领导的情感一般指与其顶头上司关系的融洽程度。

实践中，经常发生"为企业而来，因经理而去"的情况，人际关系问题成为员工流失的一个重要原因。对于核心员工来说，这个问题显得尤为突出。因为核心员工都具有强烈的个性及很强的自尊心，他们很可能看不惯领导的颐指气使，看不惯他们的以权压人，看不惯他们的处事风格，那么，其与领导的摩擦甚至冲突就在所难免。于是，核心员工因与领导的一言不合就拂袖而去的事情屡见不鲜。

核心员工与领导的关系不和，也就谈不上感情可言，核心员工离去时也会毫不犹豫。当然，人际关系处理不好很可能是核心员工自身的问题，如性格缺陷等。但核心员工一旦离去，受损失的将是企业，所以，企业必须想出对策。那么，给核心员工配一个好老板就至关重要了。这个老板必须具备一种能力，即能够与核心员工保持良好的私人关系，甚至培养出较为深厚的感情。这对老板提出了很高的素质要求，既要惜才、爱才，又要会用才、留才。这个老板必须是一个让核心员工信赖、欣赏甚至敬仰的人。

实践中，很多老板不能以身作则，缺乏自律精神，带头破坏企业制度，或任人唯亲，排除异己等，这些低劣的素质会引发核心员工的反感，进而失去对企业的信心。所以老板最好是一个具有人格魅力的人，即使其才能不及核心员工，但德行甚佳让核心员工由衷崇敬，那么核心员工就会忠于老板的领导。

再者，这个老板必须是一个懂才之人，他了解核心员工的性格特点、个人喜好等并能够投其所好。"士为知己者死"，核心员工会甘愿为这样的老板卖命。也就是说，如果核心员工在人际关系处理上存在障碍的话，老板就要充分发挥主观能动性，真诚地与核心员工发展私人情谊，这就需要老板具有娴熟的人际关系处理技巧以及沟通能力。

只要核心员工与老板的感情深厚，核心员工就会为担心再也找不到这么好的老板而放弃离职的计划。另一方面，核心员工对于周遭同事或团队的感情也会是其离职的一大牵挂。核心员工可以背叛企业，却很难背叛他的团队和他的人际关系网。很多时候，一个人之所以能够长久地效忠一家企业，就是舍不得与同事之间多年的感情与默契，跳槽到另一家企业重新搭建关系网，成本与风险都太大。

这对于核心员工也不例外。如果核心员工与他的同事发展成稳定的朋友关系，核心员工就会因为害怕失去朋友及愉快的合作经历而打消离职的念头。更何况，核心员工一般又是企业团队的灵魂人物，其率领团队冲锋陷阵，直接决定着团队的兴衰成败。那么，核心员工会在与团队的合作中培养起团队感情，并在领导团队、运用自己影响力的同时加深这种感情。

核心员工与所在团队的感情是如此深厚，以至于当核心员工离开时，整个团队会士气受挫，萎靡不振，甚至因为群龙无首而陷入瘫痪状态。显然，核心员工与团队的感情对于"拴住"核心员工的人和心都是大有裨益的。

既然如此，企业是否在培养核心员工与团队的感情方面可以有所作为呢？有一个简单的方法，就是招进内部员工推荐的核心员工。内部员工推荐是企业引进核心员工的一个方法，由于内部员工对于企业各方面较为深入的了解，以及其在企业的信誉，其推荐的核心员工一般会符合企业的要求，使企业降低了招聘成本与招聘风险。同时，更为重要的是，员工推荐的核心员工一般会是其亲朋好友，二者关系不错甚至感情深厚。那么，这样的核心员工在提出离职时就会存有种种顾虑，他能背叛自己的推荐人吗？他能舍弃与这个内部员工的关系或感情吗？这样，企业在留住核心员工的战略上就赢得了先机。

比如思科公司，目前，它有 40%~45% 的人是通过内部员工的介绍加入公司的，这被称作"员工转介员工"。这样做有几个好处：被介绍人往往与介绍人有过合作关系，因此已经有一个团队合作的基础；因为彼此认识，所以很少需要做资历调查；因为公司对来人的情况已有了解，所以新来者可以较快进入状态，缩短启动和发挥生产力的时间。

这些通过内部举荐的员工忠诚度是非常高的。还有一个企业能做到的方法，就是培养核心员工与团队的感情，使二者的关系不断升温。比如，多举办各式各样的聚会沙龙，旅行活动，成立俱乐部等，让核心员工不仅在工作中，而且在工作之外也能逐渐与同事或团队加深了解，培养感情，这不仅能增强团队合作的凝聚力，提高团队战斗力，还能使核心员工选择离开企业时对团队更加依依不舍。

第二，事业留人。根据核心员工的特点，事业成就感是他们最在乎的东西，感到缺乏个人发展空间也是核心员工离职的最重要原因之一。那么，核心员工到底想要什么样的事业呢？企业又能用什么样的事业拴住核心员工呢？

这首先涉及职业生涯规划的问题。职业生涯规划是在结合企业的发展以及个体的目标的基础上，对影响员工职业生涯的个人、企业以及社会因素等进行综合分析，给员工设计出其职业生涯发展的长期战略计划。现代企业都充分重视职业生涯规划的作用，并把它作为吸引以及留住人才的一个很重的砝码。核心员工有强烈的自我实现的价值需求，因而会比普通员工更加看重职业生涯规划。

企业用职业生涯规划留住核心员工，会比用其他方法更为有效。用职业生涯规划留人其实从招聘核心员工的那一天就已经开始了，在招聘核心员工时为了增加企业的吸引力，企业会向核心员工大体描述职业生涯规划的情况，并立即根据核心员工的自身情况，量体裁衣设计出一个适合核心员工职业生涯规划的大体轮廓。也许核心员工就是因为这个职业生涯规划才选择了你的企业，因为你懂得给核心员工他最想要的东西。一旦引进了核心员工，你要立即对你在招聘时承诺的职业生涯规划进行兑现，不能让核心员工有上当受骗之感。如果说招聘时拟定的职业生涯规划轮廓过于粗糙的话，那么现在核心员工已经步入工作岗位，已经与企业有了一定时期的磨合，核心员工与企业也已经加深了相互的了解，这时就该制订一个规范的职业生涯规划了。

这个规划要把企业目标与核心员工的个人目标紧密结合，并综合分析企业的状况、核心员工的特点，研究出切实可行的长期计划。职业生涯规划并不是一成不变的，而是随着企业战略变化，核心员工个人经历、价值观的变化而改变。所以，用职业生涯规划留人，最重要的是将与核心员工的沟通贯穿始终，了解核心员工需求的变化，帮助其不断修改与调整职业生涯规划。

例如，惠普公司的科罗拉多泉城分部有一种职业发展自我管理的课程，该课程主要包括两个环节：让参加者用各种测试工具及其他手段进行个人特点的自我评估；将评估结论结合员工工作环境，制订出每位员工的发展计划。该公司首先从哈佛ＭＢＡ课程里采撷6种工具来掌握每位员工的特点并做出评估。这些工具包括：

①让员工撰写自传，以了解员工的个人背景。自传包括接触过的人、居住的地方和生活中发生的事、以往的工作转换及未来计划等。

②志趣考察。包括员工愿从事的职业、喜欢的课程、喜欢与哪种类型的人交往。

③价值观研究。了解员工在理论、经济、审美、社会、政治和宗教信仰方面的价值观。

④24小时日记。要求员工记录一个工作日和一个非工作日的活动，以进行侧面了解。

⑤与两个重要人物面谈。让员工与朋友、配偶、同事和亲属谈自己的想法，并电话录音。

⑥生活方式描述。员工用语言、照片等方式向他人描述自己的生活方式。

对于员工的自我评估，部门经理逐一进行深入的了解，在此基础上再总结出员工目前的任职情况。这些信息提供给高层领导制订公司总体人力资源规划，确定所要求的技能。当公司对未来需要的预测结果与某员工所定的职业发展目标相符时，部门经理可据此帮助该员工绘制出在公司内的发展升迁路径图，并标明每一次升迁前应接受的培训或应增加的经历。

在实施过程中，部门经理负责监测员工在职业发展方面的进展，并对其提供尽可能的帮助与支持。你的核心员工提出辞职，很可能就是你给的职业生涯规划出现了问题，其中最大的问题就是与核心员工的沟通不及时，职业生涯规划已经不再适合核心员工的需要了，核心员工就会选择离开。因而，核心员工一提出辞职你就要亡羊补牢，使核心员工的职业生涯规划明晰化，并对其做出相应调整来满足核心员工的需求，让核心员工看到晋升渠道与自我发展的可能。

事业留人的另一个方面就是企业授权问题。让核心员工感到工作缺乏成就感的一大原因就是企业授权不充分，核心员工做起事来束手束脚，处处受局限，只是按照指示按部就班地完成工作任务，体会不到挑战自我的乐趣。这些对于核心员工来说都是无法忍受的。核心员工会认为这是企业对自己能力的怀疑，或者是对自己的不信任。而企业对核心员工的能力是很清楚的，之所以不肯对其充分授权，也许是怕其功高震主，过于锋芒毕露，担心核心员工的影响力过大给企业带来威胁。

归根结底，这是企业对核心员工忠诚度的不信任。然而，用人不疑，疑人不用。如果企业与核心员工之间不能相互信任，那么二者必然也不能相互忠诚，最后的结果必然是核心员工弃你而去。而且要授权就要真正授权，即给予核心员工人力、物力与财力的大力支持，不可让你的授权变成虚晃一枪，有授权之名而无授权之实。

如果在接到核心员工的辞呈时，弄清楚了核心员工的离职原因是企业授权问题，那么接下来就要与核心员工进行深入的沟通，了解核心员工到底需要哪些权力，哪一环节的工作受到了束缚，然后就要研究对策，是给核心员工拓宽舞台还是给其搭建一个崭新的舞台。拓宽舞台就是在核心员工原来的岗位上给予更多或更大的权力，这种情况是指核心员工原有的岗位还有授权的空间或授权的可能，这样的授权能够满足核心员工在原有基础上更上一层楼的愿望。搭建新舞台是指在原有的岗位已经没有了授权余地的情况下，为核心员工安排一个新的职位，这个职位要高于原来的职位或至少是平调，这会给核心员工带来一些新鲜感，并使其感到工作更富挑战性，从而满足其对于发展空间的需求。

第三，待遇留人。待遇留人对于核心员工来说也许不是最优的方法，但可能是最直接而有效的方法。你的核心员工离职的很大一部分原因就是被猎头或竞争对手相中，而他们挖走核心员工的诱饵就是高薪，甚至是高于你给的几倍的诱人高薪。那么，你该怎么办？这时你该反省了，为什么你的核心员工有如此高的市场价值你竟浑然不知？被你怠慢了这么久的核心员工怎能不弃你而去？他们不仅仅为了薪水的那几个数字，他们只不过是去寻找真正认识其价值的"伯乐"，他们需要被重视，被重用。因而，在人才市场上，高薪挖人的成功率还是极高的。你必须制订针对高薪挖人的反挖人计划，最好的方式是给出比对手更高或至少是相等的薪水，同时对核心员工进行情感留人、事业留人等，双管齐下，对核心员工进行全面安抚。

你还要注意，与薪水同等重要，甚至比薪水还重要的就是福利留人。每家企业的福利都各具特色，目的都是通过表达企业对员工的关心与照顾，让员工更加安心并心怀感激地工作，并培养出对企业的忠诚度与归属感。对核心员工的福利措施必须是高层次、高标准、全方位的呵护，最理想的做法是设计出具有针对性的个性化福利方案。这种个性化方案直接想核心员工所想，并且是竞争对手很难效仿的。因而福利留人往往比薪水留人效果更佳。

美国康宁公司有同时聘用夫妻俩人为员工的做法。如果员工配偶无法在公司内找到适当的工作，康宁就帮配偶在公司附近找工作。如此，优秀的人才就不会因配偶无法在附近找到适当工作、或是配偶换到其他地方工作，而离开公司。

全录公司（Xerox）给员工提供 1 万美元，用于购买第一栋房子、支付小孩的大学学费等人生重大支出。西诺佛公司（Synovus）给予每年身体检查结果良好的员工 200 美元奖金。迪特公司（Deloitte & Touche）则提供 1 500 到 1 万美元的奖金，给予推荐新进员工成功的员工。

说到待遇，就不能不说待遇的最核心问题——公平。"不患寡患不均"，核心员工对于公平的价值追求远远甚于一般员工。虽然说对于核心员工的待遇是与一般员工有差异的，但在核心员工之间，不可在薪酬分配、福利待遇上有任何的暗箱操作，否则即使你的待遇再高也挡不住核心员工离去的步伐。

第四，制度留人。如果一家企业频频出现员工跳槽现象，人才流失严重，那么，一定是企业的制度出现了问题。首当其冲的就是招聘制度。你的核心员工要走，很可能你当初招进的就不是适合企业的人。也许是招聘渠道选择错误，也许是测评工具出现偏差，也许是受面试官素质的制约等，核心员工要找出口，你就要从入口处查找原因。

入口没把好关，会引起以后一系列不良的连锁反应。那么为了降低你的核心员工的流动率，也为了减少以后人力资源管理中的麻烦，你必须要设计出科学的招聘制度。不管是选择内部提拔还是外部招聘，不管你选择哪种测评工具，你的招聘制度的设计必须符合企业自身的特点，必须能帮你找到你真正想要的人。因而你的招聘制度是富有个性的，切忌照搬照抄。好的招聘制度会帮你找到合适的人，找到合适的人就会大大降低你的员工流失率。

再者，你可能需要重新审视你的薪酬激励制度了。公平、有效又具灵活性的薪酬激励制度会激发员工潜能，为企业创造更大效益。同时，这种任人唯能的良性竞争机制又会为你留住人才。核心员工希望自己的绩效能与薪酬挂钩，希望自己能在企业各种激励机制的刺激下发挥最大潜力，实现自我价值。而现在核心员工要辞职，很有可能是你的薪酬制度不够公平、透明、或者你的激励机制没有发挥激励功能，无法激发核心员工的创造力等。这些都会挫伤核心员工的积极性，使其失去对企业的信心与信任，进而选择离开。

所以，不能有效激励员工就会失去员工。激励是一门科学，也是一门艺术，企业要认真审查最初的薪酬激励机制设计是否存在问题，并加以调整与改善，以期发挥其应该发挥的激励人才的作用，从而留住人才。

第五，企业文化留人。

20世纪80年代，堪萨斯城的某医药销售公司建立了敬业尽职精神的企业文化。那是一个大雪笼罩全城的工作日，当地的电台和电视台发生警告，告诫乘车上班的人待在家里，除非他们的工作被认为是对公司运营绝对重要的，但该公司95%的员工都去上班了。

用企业文化留人应该是留人战略中的最高境界，它用"润物细无声"的潜移默化来把核心员工的心留住。现代企业文化的核心就是人本文化，企业以人为本，尊重员工，员工自觉地以企业为家，对企业忠诚。优秀的企业文化不仅使优秀的人才纷至沓来，更会使内部员工对企业忠心耿耿，死心塌地，并以企业自豪。因而有着优秀企业文化的企业，其核心员工流动率是不会高的。企业要想留住核心员工的灵魂，最高境界就是塑造人本、高效的企业文化。

摩托罗拉公司这样阐述自己对人力资源的看法："人才是摩托罗拉最宝贵的财富和胜利源泉。摩托罗拉公司将对人才的投资摆在比追求单纯的经济利益更重要的位置。尊重个人是摩托罗拉在全球所提倡的处世理念。"

为此，摩托罗拉将深厚的全球公司文化融合在中国的每一项业务中，致力于培养每一个员工。尊重个人，肯定个人尊严，构成了摩托罗拉企业文化的最主要内容。具体来说，摩托罗拉将"尊重个人"理解为：以礼待人，忠贞不渝，提倡人人有权参与，重视集体协作，鼓励创新。摩托罗拉公司通过为员工提供培训、教育、专业发展机会，后勤保障，公司内部沟通等方式，来实现对个人尊严的肯定。

第六，工作乐趣留人。

一位 CEO 曾对他的员工说：如果你不快乐，你就不要工作。据科学验证，一个人的工作绩效与他的工作能力及工作心情正相关，工作能力强，绩效高，工作时的心情越愉快，工作绩效也越高。于是，"快乐工作"，"享受工作"等词汇渐渐流行开来。快乐的工作不仅能够提高个人绩效以及企业绩效，更能使员工热爱自己的工作而不忍离开。核心员工作为事业导向型的人才，更把享受工作乐趣当做生活的重要组成部分。他们喜欢不断创新，不断挑战自我，并享受着一次次攻克难题、攀登高峰的美妙体验。如果你能够让核心员工的工作富有乐趣，他们绝不会轻易离开。

比如，分配给核心员工具有挑战性的课题，给核心员工充分的授权，让其有更广阔的发挥空间等。另外，弹性工作时间制对于核心员工来说是一种非常适用的机制。让核心员工自由掌握工作、生活、娱乐的时间，可以更大地激发其创造力，平添工作乐趣。

Interim Service 与 Lou Harris &Associates 合作调查美国 1006 位杰出经理人，其中 74% 的受访经理人表示，他们最不愿意离开的工作环境，是重视工作乐趣与同事间密切合作关系的组织。

升阳公司（Sun Microsystems）全球人力资源的负责人表示，他的工作目标是让大家每天都忙着享受工作的乐趣，就算接到猎头的电话，也会充耳不闻。财星杂志报道，升阳公司的人员流动率为 11.6%，比信息科技同业大约低了 2/3。对许多人来说，在物质条件达到一定水准的情况下，能够乐在工作、每天快快乐乐做自己有兴趣的事，这种吸引力甚至大过金钱。

吉利公司（Gillette）国际部执行副总裁表示，虽然许多猎头公司提供他更高的薪水、更高的红利，但是他现在工作的乐趣就值加薪 30%。企业能够提供的工作乐趣有很多。多变、富于挑战的环境，是乐趣；尖端的科技，也是乐趣。还有许多人特别珍惜团队合作的情谊。

某摩托罗拉（Motorola）太空科技团队的一员，曾经前后参加过 3 个摩托罗拉的团队，他觉得工作非常愉快。他表示，虽然待遇与福利很重要，但是每家公司的条件差不多。而他在摩托罗拉能够享受到两样他非常重视的条件：先进的科技与同事友谊。他非常喜欢在同事、上司都是朋友的环境中工作。用工作乐趣留人，用快乐留人，不失为留住核心员工的一种富有活力而又有效的方法。

除了上述留住核心员工的基本策略以外，还有一些辅助方法。下面主要介绍 3 种留住核心员工的常用方法。

方法一、心理契约

防止核心员工流失的一个重要方面，是在员工管理过程中，企业不但要与员工签订一个约束双方劳资关系的书面契约，还需要与员工建立起组织的心理契约。

心理契约，是企业与员工彼此对对方应付出什么、同时又应得到什么的一种主观心理约定，其核心成分是雇佣双方内隐的不成文的相互责任。心理契约的内容相当广泛，而且随着员工工作时间的积累，其范围也越来越广。

企业要建立与员工的心理契约，首先在面试之初招聘人员必须清楚地意识到，口头的没有保障的承诺会造成员工不切实际的期望，降低员工对组织的信任感并会产生较高的离职率。所以，在面试过程中，招聘人员要尽量提供真实可靠的信息，把对员工的期望、职位的要求、责任和义务等信息进行明确公示。

企业在招聘时对职位的有利方面和不利方面做一个实事求是的全面介绍，这样有助于维护双方的心理契约。由于心理契约是处于不断地变革与修正的状态，需要企业和员工双方不断调整已有的期望。只有通过广泛的沟通与交流，才能使员工与管理者详尽地相互了解组织与个人的精神、理念和事业追求，从而不断调整双方的认知和利益，产生满足相互需求的、步调一致的行为，建立起稳定的雇佣关系。

可以通过建立一种上下沟通的良性机制，定期或不定期地与员工进行深层次会谈，关心员工的成长，辅助员工作出理想的职业生涯设计。对员工存在的问题，积极引导、分析，找出对策，并创造机会让员工发挥个性和自主意识，参与决策，反映建议，使他们在关心组织的发展过程中，自我价值得到认可。健康向上的企业文化能在企业中创造出一种奋发、进取、和谐、平等的企业氛围和企业精神，为全体员工塑造强大的精神支柱，形成坚不可摧的生命共同体。

建立以人为本的企业文化，实现人尽其能、人尽其用，高效开发员工的能力和潜力，这无疑给达成"心理契约"创造了良好的氛围和空间，增强员工努力工作的热情与信念，激发企业组织与员工信守契约所默认的各自对应的承诺的信心。从而，实现企业心理契约的建立，达到培育和谐的雇佣关系和发展企业的目的。

方法二、员工流动

流水不腐，户枢不蠹。员工只有流动起来，才能充分调动其内在潜能，做到人尽其才、才尽其用。企业应通过建立合理的人才流动机制，创造公平的竞争环境，有效掌握人员流动方向和流量，形成合理的人员结构（知识结构、技能结构、年龄结构），保证核心员工迅速有效、合理的配置。

首先，要建立科学的人才选拔机制。留住人才，关键在于合理使用人才，给人才一个发挥自身才能的舞台，做到人尽其才，才尽其用，使人才有施展才华，发挥作用的机会。否则，企业提供的待遇再好，也很难留住人才。企业要根据核心员工的不同特点，依据岗位准入条件，公开公平地选聘人员，通过聘期考核，实行岗位动态管理，使能者上庸者下，吐故纳新，始终保持岗位人员的生机和活力。同时，要有针对性地淘汰不符合企业经营要求、知识要求、技能要求和文化要求的员工，并及时引进符合企业发展要求的新员工。这里特别注意防止二流员工的沉积。

由于核心员工在知识、技能、品质等方面素质较高往往不可避免地成为各企业争夺的目标，因而具有较强的流动性。二流员工由于知识技能等综合素质较差，往往容易沉积在企业，难以流动。因此，企业应当通过业绩考核、项目评估技能鉴定等人才评价办法，选拔出企业核心员工，淘汰综合素质较差的员工。

方法三、人才预警

冰冻三尺，非一日之寒。跳槽事件不是一朝一夕形成的，往往经历了漫长的积累过程，是企业内部管理矛盾达到极限发生的畸变。企业高层不要忽略了员工的感受，可以定期开展对员工的满意度和忠诚度的调查，建立科学的人才预警系统，在第一时间掌握员工的动态，防跳槽之患于初起之时。

建议每隔一个季度或一年，对企业核心员工管理的现状进行评估。评估指标可以包括：核心员工的出勤率、流失率是否突然变大；企业能否吸引到外部的优秀员工加入本企业；同业其他企业在核心员工管理上有什么新动向，市场平均薪酬是否上涨，本公司是否采取了对策等。然后根据评估情况，不断完善各项管理工作。

四、应对核心员工的辞职

当你接到核心员工的辞呈时，你必须马上放下手头一切工作来应对，这个过程需要你运用各种策略及技巧，运用得好，就可以留住你的核心员工，让你为之紧张的神经放松下来。即使没有留住核心员工，你也采取了补救措施，尽力减少了核心员工离职给企业带来的危害，不至于使企业"很受伤"。那么，你到底该如何应对核心员工的辞职呢？

第一步，绷紧神经，做好应对准备。当你接到你的核心员工的辞呈时，相信你一定大吃一惊，然后心跳加速，茫然失措，脑中开始计算核心员工一旦离开给你的企业带来的损失。这个损失难以估量，这个损失让你直冒冷汗。

怎么办？你的脑中打了无数个问号，要留住他们吗？该怎么留？能留得住吗？留不住了又该怎么办？就这么让他们走吗？

核心员工的辞职让你如此地紧张，完全在情理之中，任何企业都不会对为其创造了80%的利润的员工的离去而无动于衷，核心员工是你的核心竞争力的象征，是你的企业的顶梁柱，是你的舞台最耀眼的明星，他们的离开会使你的竞争力下降，会使你的企业运转陷入瘫痪，会使你的舞台失去观众。所以，你完全有理由而且完全应该心跳加速，因为这说明你懂得核心员工的价值，你在乎你的核心员工并且不想失去他们。

如果接到核心员工辞呈的你面不改色心不跳，一副事不关己高高挂起的漠然态度，并放任核心员工的离去而不采取任何措施，那么，你将为此付出沉重代价，你很快将为你的冷漠懊悔不已。

美国某公司的总裁曾经说过："如果雇员桌子上一台价值2 000美元的台式计算机不见了，公司一定会对此展开调查。但是如果一位掌握着各种客户关系，年薪10万美元的经理被竞争对手挖走，就不会进行调查，员工们也不会被叫去问话。"现代企业已经逐渐意识到不断失去核心员工的严重性。你对你的核心员工很紧张，那么首先要恭喜你，因为你的紧张程度代表了你的重视程度，也决定了下面你为留住你的核心员工所做的一切的努力程度，更大大提高了你留住核心员工以及减少企业损失的胜算。

现在你要做的是先冷静下来，调匀你的呼吸，然后绷紧神经，摩拳擦掌，准备进入应战状态。这绝不是小题大做，与核心员工给你做出的贡献相比较，绷紧你 80% 的神经，调动你 80% 的资源来留住他们一点都不过分。那么，你该如何备战呢？

首先，放下你手头的一切工作。不管你有多忙，不管你手头的工作有多么紧急，不管你正在接待的客户是多么重要，先把这些都放在一边，或交给别人代为处理。因为对一个企业来说，没有比人才更重要的事情了，更何况这次要离开你的是你的核心员工，你的顶尖人才。然后你就要开始应战前的准备工作。呼吸调匀后，就打起十二分精神。你要做的不仅是使自己进入应战状态，而且要将这种状态传染给你的所有部门的经理，要让他们也紧张起来，并做好随叫随到的待命准备。因为核心员工的离职对企业来说是牵一发动全身的大事，给你的各部门负责人打好招呼，一来是有可能要找他们了解情况，找出核心员工离职的原因；二来是要与他们共同研究对策，群策群力；更重要的是，利用他们随时调动企业的一切资源，做好为留住核心员工而付出任何代价的准备。

你必须使你和你的整个企业都为核心员工辞职一事绷紧神经，你越是紧张，你留住核心员工的希望就越大。你越是诚惶诚恐，你就越会少受伤害。

第二步，用心倾听，找出核心员工辞职的原因。面对核心员工的辞职，你最想知道的当然是他们的离职原因。那么，与核心员工的面对面的交谈是最好的方式。

核心员工提出辞职，不管出于什么原因，可以肯定的一点是，你的沟通机制有问题，沟通渠道不畅通，不然不会你的核心员工都要离开了你竟一无所知。现在你只有亡羊补牢了，你要与核心员工进行推心置腹的沟通，最重要的是多听少讲，当好听众，让核心员工说出离职的真正理由，让核心员工讲出对企业的牢骚与不满。

辞呈上的辞职理由一般都是一些冠冕堂皇的套话，核心员工一般不愿说出离职的真正理由。能否让其说出来，就需要你的沟通技巧，但最重要的还是你的真诚态度。你要做的首先就是挑选一个安静的、无人打扰的、舒适优雅的环境与核心员工展开面谈。你要营造一个轻松愉快的环境，来缓和核心员工的焦虑情绪。你要保证面谈时间足够长，直到让核心员工说出心里话，不可匆匆应付几句草草收场，使面谈成了流于形式的过场。你要保持微笑，你要对你的核心员工彬彬有礼，也就是说，你要让核心员工感觉到你的真诚与友善。你要做一个用心倾听的好听众，核心员工要辞职，说明你让他说话、让他吐露心声的机会太少，这一次你要全部补偿他，让他说出对企业的不满以及一切积怨。你要多听少讲，沟通当中可问几个引导性的问题，鼓励核心员工多讲。你还可以适当地做一些面谈记录，一来有利于整理核心员工的思路，以分析核心员工或企业的问题，为后面的寻找对策、解决问题做好准备；二来做面谈记录可以让核心员工感觉到你对他的重视，在核心员工的心目中为企业赢回一点印象分。

你与核心员工的面谈最主要的目的就是找出核心员工离职的真正原因。可是，你也不可只依赖核心员工的一面之词，也许有的核心员工绕来绕去就是不肯说出离职的真正原因。

这时，你需要双管齐下，兵分两路，私下派人找核心员工关系较为亲密的同事、领导调查情况，他们很可能了解核心员工的真正想法，从而与核心员工自己说出的理由做出一个相互印证。当然，这种调查必须是小范围的，切忌大张旗鼓，对核心员工辞职的消息要尽可能保密，以免影响士气。找出核心员工的离职原因是你应对战略的基础，也是最为重要的环节，知道了核心员工的辞职原因，才能对其进行分类，具体问题具体分析，进而对症下药。

只有这样，才能从根本上解决核心员工的辞职问题，才能真正地留住核心员工，或者最大可能地降低因核心员工的离职给企业带来的损失。

第三步，将提出辞职的核心员工分类。通过面谈与调查找出核心员工离职的原因，找出原因的目的是制订对策，对症下药。但在制订对策之前，先要根据核心员工的辞职原因将核心员工做一个分类，然后对不同的类型采取不同的对策。

提出辞职的核心员工一般分为两种类型，即其实不想走型与去意已决型。所谓其实不想走型，就是说核心员工并不是真的想要辞职，或者说辞职意愿并不是很坚定，他们提出辞职也许只是试探企业对他们的重视程度，或者是想加薪升职的一个策略，也可能他们还在企业与猎头以及对手公司之间摇摆不定。而去意已决型是指核心员工已经下了离职决心，是铁了心要走，他们已不在乎企业对他们的态度，企业对他们采取的任何挽留措施都于事无补，企业似乎只能接受"天要下雨，娘要嫁人"的事实了。

那么，怎样鉴别辞职的核心员工是属于其实不想走型还是去意已决型呢？这就需要界定二者不同的特点。其实不想走型的核心员工递交辞呈的目的不是真想离开，只是想看看企业对他们辞职的态度如何。

比如，核心员工一般都有强烈的个性以及很强的自尊心，他们会因与顶头上司的一言不合而提出辞职，这时他们的辞职带有强烈的情绪色彩，企业诚心挽留，待其平静下来就会打消辞职念头。再者，核心员工可能因长期未得到加薪或升职而不满，碍于面子又不愿直接提出，于是想出这一妙招，让企业为了将其挽留而主动提出加薪升职的承诺，进而达到核心员工的目的。

还有一种情况，就是你的核心员工遭遇了猎头或你的竞争对手"挖墙脚"的情况，他们对你的核心员工可能提出了高薪或其他诱人的条件，但核心员工并没有下定决心离去，还处于犹豫与摇摆之间，并对你的挽留措施有所期待。而去意已决型的核心员工则不然，他们是吃了秤砣，铁了心，其辞职决心轻易不会动摇，他们对企业的挽留并不期待，对企业的一切举措毫无观望心理，他们递交辞呈只是要告诉企业一声，他们要走了，而并无任何话外音或隐含之意。

这些核心员工的离职原因都是一些根本性的或难以解决的问题，比如不能认同企业价值观，与企业文化不相融，人际关系不融洽以及有出国、移民计划等。这些问题都是企业的挽留措施难以解决的，核心员工的离开似乎已成定局。之所以要将提出辞职的核心员工分类，是因为针对不同类型的辞职员工，企业设计的相应的对策也会有所不同，避免"一刀切"的不良后果，使挽留核心员工的一系列措施真正行之有效。

第四步，用"快、狠、准"三字诀留住其实不想走型的核心员工。对于其实不想走型的核心员工，你当然要竭尽全力加以挽留，切不可放之任之，让其转变成去意已决型而真的离开，那时你将悔之晚矣。如果这个核心员工是一时冲动递交的辞呈，如和顶头上司不合，你就要对其进行安抚，并将其上司也叫来当面调解，当面解决问题。如果查出他是想要加薪或者晋升的机会，那么你就要满足他的需求，而且不能揭穿他的这个小计谋，以维护核心员工的面子。如果核心员工还在企业与猎头或者你的竞争对手之间犹豫不决，你就要打探出对手的诱饵，以同等待遇甚至高于对手的待遇挽留核心员工。

对于挽留其实不想走型的员工，你的策略必须是"快、狠、准"。所谓快，就是一旦辨别了要辞职的核心员工其实不想走，就立即制定对策，马上采取行动，不可拖沓，以免夜长梦多，让不想走的核心员工走掉，给你带来损失。

具体说来，你要迅速地对这种核心员工的辞职做出反应，迅速找到其上司了解情况，迅速地召集各部门负责人商讨对策，迅速地调动企业一切可以调动的资源为挽留核心员工做好准备，最后，迅速地实施制订好的对策，在最短的时间内解决核心员工想要解决的问题，并让其打消辞职的念头。

挽留这种核心员工必须讲求效率，否则核心员工会认为你的漫不经心是对他的一种怠慢，容易伤害他的自尊心，他就会由不想离去变成真的离去，投入你的对手的怀抱。

所谓狠，就是给核心员工比他想要的更多，超额满足核心员工的需求。比如让与他不合的上司向他赔礼道歉，给他超过其心理期望值的薪水，给他一个富有挑战性的职位。给他这么多的惊喜，让他的需求得到超满足，目的就是让其感受到企业对他的高度重视，以及企业挽留他的真心诚意。

感到受宠若惊的核心员工不但会放弃离职的想法，而且会增强对企业的忠诚度与归属感，在自己的岗位上更加兢兢业业以报答企业对他的如此礼遇。其今后的流动率也会大大降低。

所谓准，就是具体问题具体分析，满足不同核心员工的不同需求，"哪痛贴哪"，对症下药。避免出现核心员工想调职你却给他加薪，他想加薪你却只给他调职的情况，达不到挽留核心员工的效果，反而弄巧成拙。准的前提就是找出核心员工离职的症结所在，是企业制度上的原因，还是核心员工自身的原因，是核心员工与企业文化不相融，还是人际关系出现问题等。然后给核心员工缺什么补什么，真正解决实际问题。对于其实不想走型的核心员工你是无论如何也不能让他走的，你要拿出你的诚意，使出你的浑身解数，不惜任何代价将其挽留住，否则造成他的"假戏真做"，一走了之，给企业带来巨大损失，你必会懊悔不已。

第五步，降低去意已决型核心员工的离职损失，做到"还是朋友"。对于去意已决型的核心员工，也许无论你怎样竭尽全力也于事无补了，核心员工的"心"早已不再属于你，这时你再死缠烂打，是在白白地浪费成本，还会造成双方的不愉快。那么，最好的方法就是好聚好散，并设法降低因其离职给企业带来的损失。

同时，在与核心员工话别时，不妨向其收集一些宝贵信息，并与离去的核心员工保持联系，与之"还是朋友"，运用好其身上的宝贵资源。一般而言，去意已决型的员工是一定要离去的，因为他们的问题都属于根本性的无法在短期内解决的问题，也许涉及企业制度、企业文化以及核心员工自身的性格因素、个人问题等。如核心员工与企业文化不相融，那么这就是企业的任何挽留措施也不能解决的难题，核心员工只能选择离开。

遇到这种情况，企业也不必黯然神伤，核心员工的流动是每个企业都无法完全避免的现象，你必须接受现实，重要的是赶紧采取措施降低因核心员工的离职给企业带来的损失。你要启动你的储备人才库计划，从你的后备队伍中挑选出合适人选填补离职核心员工的空缺。你挑选的这个"准核心员工"必须受到过重点培养，在企业中得到了充分锻炼，而且最好是核心员工团队的成员，得到过核心员工的言传身教。也就是说，他必须具有足够能力担当重任，接得住核心员工的接力棒。

如果企业内部没有合适人选，你要马上进行外部招聘，尽快填补空缺。你的知识管理工作也要做好，不要让你的核心员工把你的核心技术、客户关系、商业秘密等都一并带走，你要将这些宝贵的智力资源复制下来保存好，使其真正成为企业的资源而不是核心员工个人的资源。

总之，要尽最大可能将因核心员工离职造成的损失控制在最低程度，减少对企业的伤害。

另一方面，不能让去意已决的核心员工说走就走，其身上还有许多资源待你挖掘。

比如，首先可以从离职核心员工身上得到有关企业的建议。

在核心员工离开前，你可以通过与其恳谈得到其对于企业的建议与看法。核心员工一般会对企业战略、企业管理、企业运作以及企业文化等各方面有自己较为深刻并独到的见解，而且其提出辞职，很有可能是企业中的哪个环节出现了问题，在核心员工离开之际，向其征询这方面的建议，核心员工一般会坦诚相告，因为这时他已无所顾忌。而且，毕竟核心员工也与企业建立了一定的感情，他愿意在临走之时指出企业的问题以帮助企业改进与发展。这时核心员工的建议与意见往往是中肯而又宝贵的，能一针见血地指出企业运营中存在的问题，并能给出建设性的建议。

所以，企业应充分重视，做好会谈记录，必要时与相关部门共同商讨，找出问题，制订对策，调整企业相关制度与政策等。

其次，与离职的核心员工保持联系，做到"还是朋友"。不能在核心员工走后，你就对之不理不睬了。在核心员工走时你要留下其详细的联系方式，并保持问候与沟通。

近年来，许多跨国公司的人力资源部出现了一个新的职位："旧雇员关系主管"，专门负责保持与前雇员的联系和交流工作；建立离职员工档案 CRC（Communication Records Card of Leaving Employee）；定时寄送最新的通讯录；邀请他们参加公司组织的各项活动；为他们发去公司的长期发展规划、业务方向和内部管理变动情况并征求他们的意见；在尽可能的范围内帮助这些离职员工。通过交流与沟通，这些离职员工不仅可以为原公司继续传递市场信息，提供合作机会，同时也可以结合现供职岗位的实际工作经验和感受，对原公司的内部管理和运作方式提出宝贵的改进意见。事实证明，有相当数量的离职员工最终都变成了原公司的拥护者、客户或商业伙伴，继续为公司创造着大量财富。

企业与核心员工要好聚好散，"还是朋友"，经常与其联络，询问近况、工作情况等，表达朋友式的关心，你会发现离职的核心员工是你的宝藏，甚至你会得到不可估量的高额回报。

回报一，好马会吃回头草。你要对离职的核心员工表示你随时欢迎他们回来，企业的大门永远向他们敞开。离职的核心员工如果一直感受着你的关心，并在别的企业工作不顺利，就极有可能重回你的怀抱。

微软大中华区前首席执行官、前摩托罗拉（中国）总裁陈永正就有过吃回头草的经历。1992 年陈永正从美国贝尔试验室跳槽来到摩托罗拉，从负责一个部门的市场总监一直升到摩托罗拉中国副总裁的位置。

因为个人发展的原因，2000 年他离开摩托罗拉，加盟 21 世纪通，担任其香港地区和中国内地的首席执行官。虽然陈永正离开了摩托罗拉，有负摩托罗拉的栽培，但摩托罗拉并没有忘记他，或者反目成仇。相反，时任摩托罗拉中国总裁的赖炳荣先生经常和他保持电话联系，甚至曾亲自登门拜访，劝说陈永正回来。

因此，在 2002 年 1 月，在离开摩托罗拉一年半后，陈永正又回来了，担任摩托罗拉总公司副总裁、中国公司总裁。

而离职的核心员工一旦回来，可以大大地为企业节约成本。雇用一位离职员工所花费的成本往往只是招纳一名新人所需费用的一半；另外，一旦得到重新启用后，离职员工为公司效力的时间会比新人更长，而在工作的前 3 个月，离职员工的工作效率常常也会比新人高出 40%。

研究表明，《财富》500 强公司通过积极招聘离职员工每年平均就能节约 1 200 万美元。同时，核心员工的忠诚度会提高，并继续在自己的岗位上有出色的表现。

回报二，离职核心员工成为你的广告代言人以及员工推荐人。与离职的核心员工保持良好关系，其会向外界宣传你的企业形象，提高你的知名度与美誉度，这会为你带来滚滚客源与财源。同时，离职的核心员工也很愿意充当为你引荐人才的员工推荐人角色。他们往往对企业各方面有深入了解，知道企业真正需要的人才类型，因而会为你找来合适的人选。

回报三，离职核心员工成为你的信息库与"密探"。离职的核心员工在你的竞争对手那里效力，其往往掌握着大量宝贵的专业信息，你可以从他们那里了解新趋势、新技术以及对手的动态等，使他们成为你的信息来源的重要渠道，把他们当做你安置在竞争对手那里的"密探"。这些都会帮助你在激烈的竞争中赢得先机。所以，那些在核心员工走后就不管不问的企业等于白白葬送了自己的宝藏，你应该把离开的核心员工当做你的外部员工以诚相待，那么离职的核心员工回报给你的会比你想要得更多。

世界知名企业的很多做法值得我们借鉴。麦肯锡咨询公司有一本著名的"麦肯锡校友录"，即离职员工的花名册。他们将员工离职视为"毕业离校"，离职员工就是他们遍布各处的"校友"，其中不乏 CEO、高级管理人员、教授和政治家。麦肯锡的管理者深知随着这些离职咨询师职业生涯的发展，他们将会成为其潜在客户，无疑会形成一大笔资源。麦肯锡一直投巨资用于培育其遍布各行业的"毕业生网络"，事实证明，这一独特的投资为公司带来巨大的回报。

Bain 的旧雇员关系管理主管。世界著名的管理咨询公司 Bain 公司专门设立了旧雇员关系管理主管，负责跟踪离职员工的职业生涯变化情况。为记录这些变化情况，公司还建有一个前雇员关系数据库。在这个前雇员关系数据库存有北美地区 2000 多名前雇员资料，不但包括他们职业生涯的变化信息，甚至还包括结婚生子之类的细节。Bain 公司定期向那些曾在公司效力的前雇员发送内部通讯，邀请他们参加公司的聚会活动。如此感情投资，也是为了有朝一日能有效利用这些"跑"了的人力资源。

摩托罗拉的 Rehire 制度。摩托罗拉公司在利用离职员工这一资源时，更多的是吸引"好马吃回头草"。鉴于前雇员已经熟悉企业文化、公司业务，较之新进员工能降低招聘和培养成本，摩托罗拉非常重视"好马"的回头，为此有一套非常科学完备的"回聘"制度。首先"回聘"的目的是为了提供拥有公司需要的工作知识和技能的前任员工以工作机会，它的适用范围是所有那些主动提出辞职的前任公司常规雇员。当雇佣前任员工时，必须严格遵守所有有关条例和步骤。重新聘用员工必须符合下列条件：符合目前职位要求，工作表现良好，辞职原因合理，人力资源部门负责证明该员工以前工作表现及辞职原因，岗位提供应该基于重新雇佣员工所应该填补的空缺岗位。为了鼓励"核心人才"的回槽，公司制订相应的服务年限计算办法是：假如前雇员在6个月之内被重新聘用，他以前的服务年限将累计计算；如果超过6个月，仅按照他以前的服务年限提供奖励；如果员工6个月之内被重新聘用，且在辞职前已经是正式员工，可以免除试用期；超过6个月员工被重新聘用，试用期按照新员工执行。如此计算服务期是因为员工的服务年限和个人的福利紧密挂钩。对于赔偿和福利摩托罗拉也制定了相应的办法：员工6个月之内被重新聘用，赔偿和福利按照实际工作天数计算；超过6个月员工被重新聘用，赔偿和福利按照新员工标准计算；重新招聘职位或级别高于原先等级的员工，赔偿和福利一律按照新员工标准执行（不管是否满6个月）。

第四章

激励员工的策略

在企业的选拔人过程中，首先考虑的应该是他的长处，即他善于做什么，而不是考虑如何减少他的短处。

——亨利·明茨伯格 加拿大管理学家

　　有人说，管理就是激励的艺术。事实上，激励制度的运用贯穿于人力资源管理以及整个企业管理过程的始终。在人才管理的"选、育、用、留"每一个环节，随处可见激励的踪影。

　　激励二字原本是心理学的术语，指激发人的行为动机的心理过程。现在激励被广泛运用于管理之中，指企业通过各种手段满足员工的各种需求，引发员工的内在动机，刺激其为了实现企业目标而发挥出最大潜力与创造力。

　　实践证明，激励策略是人力资源管理的有效手段，它使企业员工处于高度激活状态，为企业运营的顺利进行以及企业绩效的提高而自觉自愿地发挥主观能动性。好的激励策略可以发掘员工的最大潜能，极大地促进企业的发展与竞争力的提高。好的激励策略能够吸引人才并且留住人才，保证了你的精英队伍的数量与质量。好的激励策略能够在企业内形成健康的竞争风气，奖罚分明，使先进带动后进，提高整体员工的素质。

　　好的激励策略能够达到企业目标与个人目标的完美统一，企业与员工共同发展，实现二者的双赢。激励策略是一种最富生命力，而且效果立竿见影的制度。因为激励从根本上体现着一种以人为本的文化内涵，它首先是从满足人的需求出发，来激发人的动机与行为，因而是一种人性化与个性化的制度设计。激励从深度与广度上体现着一种尊重人、发展人的人文关怀。这种关怀正好迎合了现代企业文化的核心——以人为本，所以，激励制度的优劣体现着企业文化的优劣，激励制度实施的成败决定着人力资源管理的成败，激励制度的方法与技巧影响着企业的效率与竞争力，激励制度设计的成效甚至决定着企业的兴衰成败。激励可以提高个人绩效进而提高企业绩效，激励更可以吸引并留住人才，因而激励对于管理你的核心员工是至关重要的。

通过激励这一行之有效的手段，可以使核心员工这一智力资源的源泉为你的企业创造更大的价值，更可以用激励吸引、留住核心员工，培养起核心员工对你的忠诚度，减少流失率。因而，激励策略的设计以及实施是企业留住核心员工、用好核心员工、管好核心员工的不可或缺的一环。

激励策略的设计不能盲目，首先要坚持几个大的原则，如有效原则、适度原则、明确原则、合理原则、引导性原则、时效性原则、目标结合原则、按需激励原则等。同时激励有正激励与负激励、内激励与外激励之分，二者相互结合，相辅相成。

在设计激励制度前，先要分清激励的几大类型，比如内容型、过程型、综合型等。不同的激励类型有着不同的激励原理，你要根据企业自身情况选择运用某种或某几种原理模式。同时，在激励的实施过程中，不能忽视激励机制的考虑，如激励时机不能过早或过晚，激励频率不能过快或过慢，激励程度不能过深或过浅，否则会达不到激励效果甚至适得其反。

在激励具体的实施步骤中，第一步是评估员工绩效；第二步是了解员工需求；第三步是确定激励方法。

激励方法多种多样，你可以选择适合员工的方法来进行激励，如目标激励法，信任激励法，情绪激励法，荣誉激励法，宽容激励法，榜样激励法，成就激励法等。

最后，你要保证激励策略的行之有效，避免造成无效激励，给企业带来成本损失以及给员工带来伤害。

一、认识激励策略

激励是人力资源开发的重要内容，它是心理学上的术语，是指激发人的行为动机的心理过程。激励这个概念用于管理，即通过各种客观因素的刺激，引发和增强员工行为的内驱力，使人达到一种兴奋的状态，从而把外部的刺激内化为员工自觉的行为。从狭义上讲，激励就是一种刺激，指促进行为的手段。外部适当的健康的刺激，可以使员工完成任务的行为总是处于高度激活状态，从而最大限度地发挥员工个人潜力，去实现组织的目标。

因此，激励机制运用得好坏，在一定程度上是决定企业兴衰的一个重要因素。充分调动人的积极性，最大限度挖掘人的潜力，是人力资源开发追求的目标。

在现实中，影响人的工作行为表现的因素多种多样，如社会环境、工作条件、技术设备等客观条件，以及教育、训练、知识经验积累以及先天素质的影响等，而其中最重要、影响最大的是人的能力和心理因素。能力是做好工作的基本前提，但一个有能力而没有工作积极性的人还是没有良好的行为表现，所以人的积极性成为人的工作表现的决定性因素。因此，以调动人的积极性为主导的激励就成为人力资源开发和管理的基本途径和重要手段。

员工激励是指通过各种有效的激励手段，激发员工的需要、动机、欲望，形成某一特定目标并在追求目标的过程中保持高昂的情绪和持续的积极状态，发挥潜力，达到预期的目标。

员工激励的特点表现为以下几点。

第一，激励的出发点是满足组织成员的各种需要，即通过系统的设计、适当的外部奖酬形式和工作环境，来满足企业员工的外在性需要和内在性需要。人存在某种需求期望是激励的心理基础，一定的刺激作用于具有某种需求期望的个人，引起实际反映，从而达到提高努力程度的作用。

第二，科学的激励机制需要正激励与负激励并举。正激励是指对员工正确的符合企业期望的行为进行肯定奖励，从而产生激励效果；负激励是指对员工错误的不符合企业期望的行为进行批评惩戒，也可以起到激励效果。在实际应用中，企业应该注意这两种激励的结合。

第三，激励贯穿于企业员工工作的全过程，包括对员工个人需要的了解，个性的把握，行为过程的控制和行为结果的评价等。因此，激励工作需要耐心。赫兹伯格说过："如何激励员工：锲而不舍。"

第四，信息沟通贯穿于激励工作的始末。对激励制度的宣传、企业员工个人的了解和对员工行为过程的控制以及行为结果的评价等，都依赖于一定的信息沟通。企业组织中信息沟通是否通畅，是否及时、准确、全面，直接影响到激励制度的运用效果和激励工作的成本。

第五，激励的最终目的是在实现企业目标的同时也能实现员工个人的目标，即达到企业目标与员工个人目标在客观上的统一。将企业目标与员工个人目标相结合，使企业目标中包含更多的个人目标，考虑个人的发展，同时又使员工为个人目标的实现所作的努力朝向企业目标的方向，这样既能达到良好的激励作用又可以促进企业的发展。

美国哈佛大学教授威廉·詹姆士通过研究发现，在缺乏激励的组织环境中，员工的潜力只能发挥出 20%~30%，而在良好的激励环境中，同样的员工可以发挥出其潜力的 80%~90%。

可见，在企业管理中每一位员工都需要被激励，使每一位员工始终都处在良好的激励环境中，是人力资源管理应该追求的目标。管理者对员工进行有效的激励，可以使每位员工都充分发挥自己的聪明才智，接受并认同企业的目标和文化，从而保持最佳的工作状态并带来优秀的绩效。

另外，良好的激励机制还可以增强企业对人才的吸引力，有助于企业获得人力资源的竞争优势。

具体说来，激励的作用有：

第一，激发员工潜能，提高员工素质。激励机制能够激发员工的潜能，使员工在自己的岗位上超水平发挥，从而为企业创造更大的价值。同时，员工的个人能力得到了锤炼，综合素质也得到了提高。对于核心员工更是如此，他们是企业的领头羊，是专业领域的佼佼者，如果他们的潜能得到更大的开发，无疑会给企业带来巨额回报。他们的素质水平如果得到不断提升，更会使企业受益无穷。

第二，形成员工间的良性竞争氛围，先进带动后进。公平而有效的激励机制能够在企业全体员工之间形成一种良性竞争的氛围，优秀的员工受到奖励会对其他员工产生一种刺激，从而引起其他员工的效仿与比较，这就能使先进带动后进，企业全体员工都处在一种高度激活的状态，保持旺盛的精力以及积极主动的活力，这样的一种氛围会给企业带来高绩效。IBM 就为员工提供有竞争力的薪酬，使他们一进公司便珍惜这份工作，竭尽全力。把自己的本领都展现出来，是企业 CEO 的愿望。支付高薪酬的企业往往能吸引并且留住人才，带来较高的员工满意度、更好的绩效为企业服务，同时还有较低的离职率。

一个结构合理、管理良好的绩效给薪制度，应能留住优秀的员工，淘汰表现较差的员工。为了保持公司在产业中薪资福利的竞争性，吸引优秀的人才加盟，人力资源部门的一项重要工作，就是进行薪酬调查，了解产业形态相近的公司在薪资福利方面的资料，以此为参数，制订薪资福利政策。除此之外，如有需要，也可以聘请专业的管理咨询公司做相关的调查，实施个别职位的弹性调整。

对于核心员工来说，这种竞争氛围也是有益的，因为他们一般都具有较强的进取心，激励带来的竞争会促进其在工作岗位上的努力程度。

第三，促进企业目标与个人目标的统一。良好的激励策略必须能够将企业目标与个人目标相结合，使员工为企业目标奋斗的方向也是其实现个人目标的过程。因为激励首先是从员工的自身需求出发的，不能实现个人目标的后果就是导致企业目标的无法实现。激励使企业目标与员工个人目标同时实现，从而实现企业与员工二者的双赢。诺基亚就懂得帮助员工明确工作目标，他们发现，在许多情况下，员工的低效业绩，并不是因为员工的低能力或低积极性，而是因为目标的不明确性。而绩效体系是整个薪酬体系的基础，如果没有解决好这个问题，薪酬体系的合理性与公平性必然会受到挑战。

精于管理的诺基亚早就看到要对每一个员工的工作目标、更要对员工的发展方向进行明确的界定与有效的沟通。只有这样，员工才能在完成眼前工作目标的基础上，与企业的发展保持同步，才能在企业成长的同时，找到自己更大的发展空间。而且诺基亚提倡，在这个目标确定的过程中，员工才是主动角色，而经理则应该从旁引导。

为了达到这个目标，诺基亚启动了一个名为 IIP（Invest In People 人力投资）的项目：每年要和员工完成两次高质量的交谈，一方面要对员工的业务表现进行评估，另一方面还要帮助员工认识自己的潜力，告诉他们特长在哪里，应该达到怎样的水平，以及某一岗位所需要的技能和应接受的培训。

通过 IIP 项目，员工可以清晰地感觉到，诺基亚是希望员工获得高绩效且拿到高薪酬，并且不遗余力地帮助员工达到这个目标。这就为整个薪酬体系打下了良好的基础。这一点对于核心员工是意义重大的，因为核心员工最关注的就是个人的成长与自我实现，只有个人目标与企业目标的双重实现才能给其带来成就感。

第四，塑造以人为本的企业文化。良好的激励策略一定是与以人文本的企业文化一脉相承的，二者是一种相互作用的关系。优秀的企业文化一定会有行之有效的激励策略，而良好的激励策略又会塑造以人为本的企业文化。因为二者都是以尊重人为基础，激励是从人的基本需求出发而设计，企业文化更是以人为核心，人性化的激励策略无疑会塑造或强化以人为本的企业文化。

企业文化是一个企业的灵魂，是企业的核心竞争力，激励策略在塑造企业文化上面的作用是潜移默化，"润物细无声"的。

星巴克就用全面薪酬制来加强企业文化与价值观。为了加强及推动公司的文化，该公司实施了一系列的报酬激励计划。对于全职和兼职员工（符合相关标准），公司给提供卫生、牙科保险以及员工扶助方案、伤残保险。

此外，一家叫工作解决方案的公司帮助处理工作及家庭问题。这种情况在零售行业里并不常见，大多数企业不会为兼职员工的福利支付成本。尽管支付兼职员工福利的成本增加了公司的总福利成本，但平均福利成本和对手相比仍然很低。尽管投资巨大，但公司仍支付大量红利。那些享受到这些福利的员工对此心存感激之情，因而对顾客服务得更加周到。当然，加强文化和价值观的培养不只是一个薪酬体系的全部问题。全面薪酬体系，尽管是推动业务的强有力杠杆，但也只是其中的一个因素，不能与其他正在实施的关键性的人力资源杠杆分割开来。

这些其他的杠杆包括广泛的员工培训、公开沟通的环境及一个叫做使命评价的方案，这是一个叫做合伙人快照方案的一部分。合伙人快照方案是想尽量从公司伙伴那里得到反馈。这和意在得到顾客反馈的顾客快照方案是平行的。合伙人快照方案包括公司范围内的民意调查、使命评价及一个相对较新的对公司和员工感兴趣的关键问题进行调查的电话系统。

这种使得人力资源和全面薪酬体系一体化的结果，一方面提升了公司的文化和价值观，另一方面它是否值得投资呢？当然是，公司被《财富》杂志评为100家"最值得工作"的公司之一。公司的财务业绩也是优秀的，1997财政年度的收入近10亿美元。若包括两次股票分拆在内，股价已比最初上升三十多倍。员工的流失率，尤其是在商店里的流失率远远低于行业一般水平，为普遍水平1/3~1/2的样子。对员工的满意度调查表明：员工非常喜欢为公司工作，对公司的领导很满意。负责调查的外部公司说星巴克公司的调查结果在与其他大多数公司相比时，好得吓人。

第五，吸引人才，留住人才的重要手段。激励其实从企业招聘人才时就开始了，企业会用薪酬待遇、工作环境、培训课程、晋升机会等一系列激励措施来吸引优秀的人才。人才被招进企业后，企业又会用公平而有效的激励策略使用人才，激发人才的积极性与创造力。在工作岗位上兢兢业业，看到企业奖罚分明，自己的能力能够与绩效以及回报挂钩，人才便不会轻易离去，从而使企业达到了留住人才的目的。核心员工比一般员工更需要激励，由于他们的高市场价值以及稀缺性，他们会向激励策略诱人的企业流动。要想留住你的核心员工，必须设计并实施科学公平的激励策略。

激励策略与留住核心员工以及管理核心员工可谓关系密切。激励策略能激发核心员工的最大潜力，为打造企业的核心竞争力贡献更大力量。同时，受到激励的核心员工会感到充满干劲与活力，不断接受一个个工作挑战，攻克一个个难关并乐此不疲，激励所带来的力量像一块巨大的磁铁将你的核心员工吸引住，你就不必为怎样留住核心员工而绞尽脑汁了。核心员工会心甘情愿地为你效力并乐在其中。

诺基亚是重要员工管理理论的推崇者，从其薪酬体系中即可明显发现这一点。例如，诺基亚的薪酬比较率明显地随级别升高而递增：在 3~5 级员工中，其薪酬比较率为 1.05；而在更高一层的 6 级员工中，其薪酬比较率为 1.11；到了 7 级员工，这个数字提高到了 1.17。也就是说，越是重要、越是对企业有贡献的精英员工，其薪酬比较率就越高。这样，就确保了富有竞争力的薪酬体制能吸引住企业的重要员工。这还使得诺基亚的薪酬体系有一个特征，级别越高的员工，其薪酬就越有行业竞争力，让高层人员的稳定性有了较好保证，有效避免了企业高层动荡带来的伤害，使诺基亚的企业发展战略保持了良好的稳定性。而这对于企业的持续发展来说，是至关重要的。

不同层次的薪酬结构上，诺基亚也根据重要员工管理原则作了相应的规划，其薪酬结构有 3 个趋向性特征：基本工资随着等级的升高而递增；现金补助随着等级的升高而降低；绩效奖金随着等级的升高而升高。前两点保证了诺基亚的薪酬体系在稳定性方面会随着员工等级的升高更有行业竞争力，其目标在于保持高层员工的稳定性。而第三个特征则注重鼓励高层员工对企业作出更大贡献。因为高层员工的绩效对企业整体效益的影响，是数倍甚至是数 10 倍于一般员工的。

重要员工管理理论在诺基亚薪酬体系中的嵌入，一方面保证了高层员工有更好的稳定性和更好的绩效表现，同时也给低层次员工开拓了一个广阔的上升空间，在薪酬体系表现出相当强的活力与极大的激励性。在对核心员工的动态化管理体系中，激励是其中最有灵性并贯穿始终的环节。你要用你的激励招进想要的核心员工，用培训激励进一步培育你的核心员工，用激励激发核心员工最大创造力、更好地使用核心员工，用各种激励策略满足核心员工需求、留住核心员工。

可见，对核心员工的"选、育、用、留"都离不开激励策略的作用。激励策略运用得好，就能管好你的核心员工，并真正地留住他们，降低流动率，保证你的精英队伍的强大。

二、激励实施要点

在实施激励策略之前，先要明确激励的基本原理，包括内容型、过程型、综合型等各种类型。根据不同的激励原理，可以设计不同的激励策略。在实施激励策略的过程中，要坚持几大激励原则，包括有效性原则、适度性原则、明确性原则、合理性原则、引导性原则、时效性原则、针对性原则等。

实施激励要将正激励与负激励、内激励与外激励有机结合起来，并且以正激励与内激励为主。同时要注意对激励机制的把握，如激励时机不能过早或过晚，激励频率不能过快或过慢，激励程度不能过深或过浅等。否则，会影响激励效果，甚至适得其反。

激励理论经历了从内容型激励到过程型激励等发展过程，不同类型的激励是从不同角度看待影响个体行为或积极性的不同因素，从而使企业在其指导下，为激发员工的工作积极性，提高企业绩效进行有针对性的制度设计。

首先来看内容型激励。这主要是一种需要理论，从人的生理及心理需要出发，探讨怎样通过人的各种需要的不满足，激发行为动机，进而使之为满足自己的需要而发挥最大潜能。内容型激励主要分析影响个体积极性的各种因素，其目的是根据这些不同因素有的放矢地采取措施来调动人们的工作积极性。在内容型激励理论中，最著名的当属马斯洛的需求层次理论。美国心理学家马斯洛在《人的动机理论》一书中提出了著名的需求层次理论，他把人的需要从低到高分为5层，并形成阶梯，构成一种金字塔形状。这5个层次的需要分别是生理需要、安全需要、社交需要、尊重需要以及自我实现需要。

第一层次是生理需要，这是人类最基本的需要，主要包括满足人类的生理机能，维持人类日常生活的各种需要，如对食物、水的需要，对睡眠的需要等。

第二层次是安全需要，主要包括身体安全与心理安全。身体安全指人身安全，拥有和平、安定的生活环境，广义上还包括社会安定、世界和平等。心理安全主要指经济安全，如工作稳定，生活有保障带来的安全感等。

第三层次是社交需要，这主要指爱的需要、情感的需要以及归属的需要。这是人在基本的生理需要与安全需要得到满足后，较为高级的需要。人渴望爱与被爱，希望成为团体或组织的一分子，与大家和睦相处并产生友情，进而更进一步对团体或组织产生归属感。

第四层次是尊重需要，这主要指人有自尊及受人尊敬的需要。这属于需求层次中高层次的需要，与一个人的社会地位、职务高低有密切关系。社会地位以及职务越高的人，尊重的需要就越强烈，如自信、自立、自强、成就感、胜任感以及受人认同、受人尊敬、个人声望等。

第五层次是自我实现需要，这是最高层次的需要，位于需求层次金字塔结构的顶端。这是一种高级的精神需要，指个人成长与发展的需要、实现理想的需要以及发挥最大潜能、挑战自我的需要等。

这5个层次的需要可以分为两大类，前3种即生理需要、安全需要与社交需要是低级需要，后两种即尊重需要与自我实现需要是高级需要。低级需要属于人的生理本能或冲动，能够通过外部条件得到满足，高级需要是在低级需要得到满足后产生的需要，是一种内在需要，并不是人人都有或人人都很强烈，且这种需要很难通过外部刺激得到充分满足。

这5个层次的需要从低到高形成金字塔状，但这种次序并不是一成不变的，特殊情况下可以有变化或例外。一般来讲，只有低层次的需要得到满足后才会产生高层次的需要，但所有的需要都不可能得到彻底完全的满足，而且越是高层的需要越是难以满足。这5种需要可以在同一时间同时存在，不过一定有某种需要是占主导地位、最迫切得到满足的。所有的需要不会因为产生了高级需要而消失，高级需要得到了发展，低级需要仍然存在，且各个层次的需要往往交互重叠，不同时期都有成为主导需要的可能性。没有得到满足的需要能够产生激励，一旦需要得到了满足就不再产生激励效果。

马斯洛的需求层次理论被广泛地应用于企业的人力资源管理中，尤其适用于激励制度的设计以及对员工的一系列个性化管理。因为这种理论通过满足不同员工的不同层次需求来实施有针对性的激励或管理，能从根本上激发员工的创造力，达到行之有效的激励或管理效果。掌握这种理论方法是你对企业的核心员工实施激励以及管理的一种基础和关键，它告诉你核心员工的高级需要一般是占支配地位的需要，是能够起到激励效果的需要，因而应引起你的特别关注。了解了核心员工的需求特点，想其所想，急其所急，才能使你对他们的管理有的放矢，才能激发他们的最大潜能为你多做贡献，也才能留住你的核心员工，降低你的人才流失率。

内容型激励理论中的第二种是双因素理论。它是 20 世纪 50 年代后期，由心理学家赫茨伯格提出的。双因素是指保健因素与激励因素，二者对导致工作满意与否的作用是不同的。

保健因素是与外部工作条件相关的因素，与人的低级需要有关，如工资待遇、工作环境、同事关系、工作安全、工作保障等。激励因素是与工作的内在特征、是否具有挑战性有关的因素。它与人的高级需要密切相关，如工作本身的特点、成就、个人发展机会、受到的认可与尊敬等。

保健因素是一种维持性的因素，可以保持员工的工作积极性或起到维持现状的作用，但保健因素起不到激励的作用。当保健因素得不到保证时，员工会感到不满意，从而降低工作积极性。如果保健因素得到了保证，员工就不会感到不满意，但也不会感到特别的满意。

激励因素能够激发员工的积极性与创造力，当激励因素没有保证时，员工不会感到满意，也不会感到不满意，员工会保持一种工作状态不变。而一旦激励因素得到了满足，员工会感到满意，受到激励而激发工作积极性，改变原来的工作状态，而且这种激励带来的效应会持续一定的时间。

赫茨伯格主要想告诉我们，只提供保健因素，即只满足人的低级需要，不能带来激励效应，不能激发员工积极性，从而难以提高企业绩效。只有激励因素得到保证，才能使员工发挥更大的创造力，提高效益，因而必须挖掘工作本身的价值意义，丰富工作内容，使工作更富挑战性，提供个人发展空间以及职业生涯设计等。只有这样才能达到激励的效果。

当然，也不能忽视保健因素的作用，企业要提供安全的工作环境，公平合理的薪酬待遇，促进和谐的人际关系等。虽然这些因素所起的激励作用不大，但缺失了这些基础因素会使员工改变原来的工作状态，降低员工的工作积极性，降低企业绩效。因此，保健因素在企业的制度设计中不可或缺，它与激励因素相辅相成，共同发挥着作用。双因素理论对企业的奖励制度设计发挥着重要的理论指导作用，它倡导企业要将保健因素与激励因素并举，同时重点关注激励因素的保证。只有这样，才能保证企业的顺畅运转并且不断提高绩效，不断发展。

具体到企业的核心员工来说，企业尤其要保证激励因素的满足，因为对核心员工来说，保健因素的作用已经微乎其微，他们更注重内在需要、高级需要得到满足，也只有这些需要才能对其起到激励效果，激发起更大潜能与创造力。企业要想更好地利用并真正留住核心员工，必须提供富有挑战性的工作，必须对其进行科学的职业生涯设计，必须保证其广阔的个人发展空间。否则，核心员工就会弃你而去，寻找能保证激励因素的企业，因为你的保健因素核心员工是不屑一顾的，仅靠保健因素将无法拴住你的核心员工。

内容型激励理论中还有一种理论即麦克里兰的成就需要理论，又称为三重需要理论。他把人的需要分为三种：成就需要、权力需要与归属需要。具有成就需要的人有强烈的事业心与进取心，设定有挑战性的目标，并以目标为中心而工作，他们希望得到明确的工作评价，寻求绩效反馈，喜欢并善于冒险，愿意承担工作责任，他们看重工作带来的成就感远远超过薪酬。权力需要强的人喜欢驾驭别人，发号施令，寻求影响力，他们喜欢与别人比较，希望得到注意与认可，好胜心强。而归属需要强的人是指希望与人建立和谐与亲密的人际关系，喜欢与人交流与沟通，渴望受到别人的欢迎与喜欢，他们有加入一个团体或参加大型活动的愿望。不同的人才这 3 种需要的强度是不同的，如企业家就是较强的成就需要，较弱的权力需要与归属需要；管理者一般是较强的权力需要与成就需要，较弱的归属需要；技术人才是较强的成就需要与权力需要，较弱的归属需要；一般员工是较强的归属需要，较弱的成就需要与权力需要。

针对不同员工的不同需求特点实施不同的激励策略，对于成就需要型的员工，就要及时对其进行工作评估与绩效反馈，要为其提供有挑战性的工作以及广阔的个人发展空间。对于权力需要型的员工就要给他足够的权力来控制自己的整个工作，要给他参与决策的机会。对于归属需要型的员工，就要为其营造融洽的人际关系氛围，让他们加入团队，让他们做协调性的工作，要尽量多地给予赞美与表扬等。核心员工属于成就主导型员工，对他们来说，给他们富有挑战性的工作以及施展才华的广阔的舞台，比给他们营造和谐的人际关系氛围更具吸引力。所以，对核心员工采取事业留人往往比情感留人以及待遇留人更为有效。

在内容型激励理论之后，又出现了过程型激励理论。过程型激励理论兴起于 20 世纪 60 年代后，是一种对管理实践更具操作性的理论，也就是将激励理论的研究重点由激励因素的内容转向激励的过程，注重解释需要以及奖励与行为之间的关系和相互作用。这种理论能更准确地计算激励行为以及绩效，主要包括期望理论、公平理论以及目标设置理论等。

过程型激励理论中最具影响力的首推心理学家佛隆提出的期望理论，即人的工作行为是以一定的期望为基础的，只有人预期自己能够达到某一目标时，才会被激励采取行动，为实现这一目标而努力。而这一目标激励力量的大小与两个因素有关，即效价与期望值。

这里有一个公式：激励力量（M）＝效价（V）×期望值（E）。激励力量指调动员工积极性的强度大小，效价指所要达到的目标对于员工的重要性程度，期望值指员工主观上认为通过自己的工作行为与努力能够促成目标实现的可能性，或者说实现目标的概率。可见，目标对于员工越重要，实现目标的概率越大，激励力量就越大。对于核心员工来说，他们一般具有明确的个人目标，并视自我价值的实现为生命，而且他们对自己的期望值很高，即他们认为自己实现目标的可能性很大，对自己充满信心，所以他们具有强烈的激励力量，能够实现自我激励。有时只要企业稍加鼓励，旁敲侧击，就能够激发核心员工内在的力量献身事业。至于加以怎样的鼓励才有效，就要看企业的自身情况以及核心员工的个人特点而设计了。

公平理论是由美国心理学家亚当斯在1956年提出的。他经过研究指出，员工倾向于把自己的付出与所得和他人作比较，进而产生公平与否的判断。如果感到受到不公平对待，员工会采取以下行为：减少自己的付出，即不再努力工作，以平衡自己的多劳少得；要求加薪，员工通过向企业积极的请求来实现自己的公平待遇；改变看法，即认为自己多得是因为工作强度大，别人多得可能是表现不俗；改变参照人或参照群体，员工有可能选择其他人选进行比较；辞掉工作，这是员工彻底解决不公平感觉的极端做法，是企业员工流动的一大原因。

值得注意的是，这种所谓的不公平只是员工的个人主观感受，也许并不是实际情况。所以，企业为了控制员工流失率，必须及时发现员工的这种不公平感，加以疏导与调整，以维持员工的积极性。公平理论昭示了企业薪酬制度的一大重要原则，即公平公正原则。员工们都有"不患寡患不均"的理念，企业若破坏了薪酬分配的公平原则，就会失去员工的信任，引起员工的不满与抵触，进而引发员工辞职的结果。核心员工对于公平价值的追求甚至超过一般员工，何况其具有极高的市场价值，一旦他们觉察企业的薪酬待遇有不公的现象会立即选择离开，寻求更能体现其市场价值的企业。因而，企业在对薪酬激励制度进行设计时，一定要以公平为指导原则，否则不但起不到激励效果还会适得其反。

目标设置理论是由美国心理学教授洛克在1967年提出的，他指出所有的外部刺激包括奖励、惩罚、压力等都是通过目标来影响个体的动机与行为的，目标越明确，难度越大，最后取得的成效就越好。如果目标不明确，就不会被其激励力量产生激励效果。并且，目标的设置必须具体，具有可实现性，可行性，可测量性以及时效性，否则也达不到激励效果。

这一理论在企业管理中也具指导意义，在薪酬等各种激励制度的设计过程中，企业都会把对员工的目标设计作为首要环节，并将企业目标与个人目标有机地结合起来，有了目标与方向，员工才会有工作动力与激情，也只有企业目标与个人目标的同时实现，才能达致企业与员工的双赢。核心员工的一大特点就是具有明确的个人目标，这个目标是其发挥主观能动性，实现自我价值的原动力。

所以，企业必须充分了解核心员工的个人目标，及时与之进行沟通，掌握核心员工的长期与短期目标以及目标的变化情况，在将核心员工的个人目标与企业目标相融合时，必须充分听取核心员工的意见，始终保持企业目标与核心员工个人目标的协调一致，并将这种目标结合纳入核心员工的薪酬待遇以及职业生涯设计。这种做法可以对企业目标与核心员工个人目标进行明确化与量化，能够最大限度地激发核心员工的创造力，同时提高企业绩效，实现企业目标。

在激励的基本原理中，除了内容型激励与过程型激励之外，还有后来发展起来的改造型与综合型激励，如 ERG 理论等。这些理论都是对前人理论的演进与糅合，笔者在此就不作一一介绍了。

掌握了几大激励的基本理论，就为具体激励策略的设计与实施打下了基础。企业所有激励制度与激励方法都是对激励基本理论的运用，在运用时，要结合企业自身情况，也可以结合几大理论综合运用，以求得最好的激励效果。

掌握了激励原理后，在实施激励措施时，必须坚持激励原则的指导，以免偏离激励方向，达不到激励效果。这十大激励原则包括：有效性原则、适度性原则、明确性原则、合理性原则、引导性原则、时效性原则、针对性原则、符合心理原则、目标结合原则以及按需激励原则。

第一，有效性原则。这是激励的首要原则，如果你的激励策略实施后是无效的，那么所有的努力都是白忙活一场，所谓的制度设计就会成为空谈，还会给企业带来激励成本的损失。激励有效是激励的目的，可以说有效性原则是统领性原则，以下的 9 个原则都是为有效性而服务的，其目的无不是为了实现激励效果。要坚持有效性原则，就要从实际出发，客观分析企业自身情况、工作任务的类型特点以及企业员工的素质水平等，然后具体问题具体分析，设计出行之有效的激励策略。要使激励有效，就要避免一刀切，更不能照搬照抄别人的激励策略，以免水土不服。

对企业核心员工的激励有效尤为重要，有效的激励会激发核心员工更大的创造力，从而更多地为企业创造价值，进一步提高企业绩效。因为核心员工能为企业创造 80% 的利润，激发他们的潜能给企业带来的价值一定是巨大的。而如果对核心员工的激励无效，那也会带来比一般员工更多的危害。首先，对核心员工的激励成本是高于一般员工的，一旦激励失败，会造成企业巨大的激励成本损失。再者对核心员工的激励无效，一旦引起核心员工的不满而离职，这给企业带来的损失更是难以估量的。因而对核心员工的激励首先要坚持有效性原则。

第二，适度性原则。这个原则与激励机制（即激励时机、激励频率以及激励程度）密切相关。也就是说，对员工的激励要把握好一个度，既要避免火候不够，也要避免过度。具体说来，在激励时机的选择上，要在分析工作类型以及员工特点的基础上，对期前激励、期中激励以及期末激励做出选择，以免激励不及时或发生雨后送伞的情况。激励频率不能过快也不能过慢，快慢程度也要视工作特点与员工素质而定，激励频率高不一定激励效果就好，有时激励频率与激励效果是一种负相关的关系。

同理，激励程度的强弱需要企业适度把握，并不是激励程度越强越好。你给员工的奖赏过多，他就会骄傲自满，不思进取，懈怠工作。如果你给员工的惩罚过于严重，就会挫伤员工的工作积极性，使员工自暴自弃，甚至感到委屈而选择辞职而去。而如果你的奖赏标准过低，不但无法鼓舞士气还会打击士气。如果你的惩罚措施过轻，也对员工起不到预期的负激励效果，员工会因再犯成本低而重蹈覆辙。对核心员工的激励也要坚持适度性原则，科学地选择激励时机、激励频率以及激励程度，这样才能保证达到预期的激励效果。

第三，明确性原则。这个原则主要由目标设置理论而来，主要指激励目标必须要明确化。只有明确的目标才能给人以动力，才能激发人的潜力，为实现目标而努力。目标不明确就很难引发人们的动机，进而产生行为。明确性原则的另一层内涵就是公平、公开、公正。公平是激励制度的核心，激励制度的不公平，如暗箱操作、人际关系化等，会引发员工的不信任感，不但起不到激励效果，还会使企业与员工的关系恶化。而明确性原则将激励目标和奖惩标准等放在阳光下，便于员工的监督，也能使激励制度真正得到员工的接受与认可。

对于核心员工来说，激励目标的明确化十分重要，因为核心员工的特点就是喜欢为自己设立一个目标并努力使之实现，将目标明确会给核心员工带来更大的激励效果。同时，核心员工也十分看重激励制度的公平性、明确性、能够实现公平性，如果奖惩标准不明确，制度设计不公平，就会引起核心员工强烈的反感，甚至引发其离职的后果。

第四，合理性原则。合理性原则就是指激励策略要顾全大局，奖惩结合，有奖有罚，不可顾此失彼。同时又要以奖为主，以罚为辅。激励策略的结构要合理，不能只有正激励，只赏勤而不罚懒，这会导致企业无法可依，低素质员工"违法不究"，必然带来企业管理的混乱。而负激励也不能多于正激励，否则会挫伤员工的工作积极性，打击员工士气。也就是说，激励策略必须要将正激励与负激励相结合，并以正激励为主。合理性原则还指激励要将内激励与外激励相结合，以内激励为主。在激励过程中，既要给员工基本的薪酬激励，更要给其富有挑战性的工作，让其体会到工作乐趣。如果外激励过多，会影响内激励的效果。

内激励是最根本，也是最持久的激励。因此，激励策略要以内激励为主。对于核心员工更要加强正激励与内激励，负激励与外激励只起很小的辅助作用。因为诱人的奖赏能帮助你留住你的核心员工，内激励能让核心员工挑战自我，更大地激发潜能，会心甘情愿地为你效力并乐在其中。当然，对核心员工也不能只赏不罚，罚要讲求策略，并适可而止，以免伤害到核心员工的自尊心，引发严重后果。

第五，引导性原则。这主要指激励要有一股引导人的力量，可以在企业内形成人人争先的良性竞争氛围，鼓舞员工士气，进而打造出积极向上的企业文化。激励的引导性首先体现在为员工设定的工作目标与奖惩标准上，通过明确的目标指引员工行为的方向，使员工为了完成一定的工作任务，为了得到一定的奖励，或为了避免某一惩罚而做企业认为正确的事情。这里的引导性主要指正引导，即通过奖励先进，树立优秀典型，给员工一种榜样的力量，进而人人效仿，人人争先，给整个企业带来良好的竞争氛围，不断提高企业绩效。同时也不能忽略反引导的作用，即通过惩罚后进，给员工树立反面典型，敲响警钟，以维护企业制度的威严。

核心员工是企业的灵魂人物，是企业的榜样力量，你对他们的奖励不但是对他们自己的激励，更会给其他员工一种引导的力量，使他们自觉向核心员工看齐。可见，对核心员工的激励是一举两得，因而企业要学会在全体员工面前激励核心员工的技巧，以引导所有员工形成积极向上的企业文化。

第六，时效性原则。这主要涉及激励机制中激励时机的选择问题。激励时间过早或过晚都不能起到激励效果，激励策略必须要讲求时效。激励时机包括期前激励、期中激励以及期末激励。

期前激励是指在工作开始之前就制订一定的工作任务与奖惩方案，让员工以此为目标积极地完成工作，但期前激励无法对工作中及工作后的各种情况作及时的反馈，有一定的弊端。期中激励就是在整个工作过程中，不时地对员工的表现进行激励，尤其适用于工作时间长，工作任务繁重，需要在工作中对员工进行激励的情况。期末激励是在工作任务完成之后对员工表现进行的总结与激励，这主要适用于开始时难以确定工作目标，无法期前激励的情形，期末激励对员工的评价会更为准确，缺点是不及时。

激励时机的把握必须拿捏适度，不论是期前激励，期中激励还是期末激励，都要从企业的自身情况、工作任务的安排以及员工的不同特点出发，灵活使用，不可一概而论。具体到企业的核心员工，他们所承担的工作任务一般难以确定准确的指标，他们看重工作评估与业绩的反馈，所以期中激励与期末激励较为适合他们。企业在对核心员工进行激励时机的选择时，可以重点关注这两种激励时机，以达到激励的时效性效果。

第七，针对性原则。针对性原则就是在激励过程中，要从实际出发，实事求是，在分析不同员工的不同特点的基础上，有的放矢地设计出个性化的激励方案，使激励更富成效与活力。如果只是一刀切，对所有员工只设计同一种激励策略，就很有可能分发给员工他们不想要的蛋糕，不但起不到激励效果，还白白浪费了蛋糕，损失了激励成本。对员工进行有针对性的激励，就要首先对所有员工细化分类。员工的年龄、性别、学历、生活经历、性格特点、价值取向等各不相同，企业可依此为依据作不同的档案归类。然后要与员工进行沟通，找出他们的主导需求，针对他们的激励方案必须以满足这个主导需求为导向。

最后要注意个性化激励方案的调整与改进，这就要随时与员工保持沟通的通畅，观察他们经验的改变，听取他们的意见，以保持激励真正并持续地具有针对性。如果说对每个一般员工都设计个性化激励方案成本过大，并不适用于每家企业的话，那么对核心员工的个性化激励却是势在必行的。企业要不惜成本，为核心员工量身打造个性化激励方案，以激发核心员工最大潜能，达到最佳的激励效果。

第八，符合心理原则。激励一词本来就是心理学的概念，不论是内容型激励理论还是过程型激励理论，考量的都是如何将内外部刺激通过人的心理机制的一系列复杂的运作转换成外部的个体行为，并为实现预期目标而做出努力。激励运用于企业的人力资源管理中，还是要从人的心理因素出发，才能设计出科学而有效的激励策略。因而激励过程中要坚持符合心理原则。

具体地说，符合心理就是想员工之所想，急员工之所急，提供给员工的激励是缺什么，就补什么，要给员工想要的美餐而不是毒药。要做到这一点就要首先弄清员工的现状、员工的需要、员工的想法等，那么，企业的沟通机制是否通畅就显得尤为重要了。只有你的沟通机制保持通畅，能够随时进行上下级的双向沟通，你才能知道员工的心理与员工的需要，设计符合心理的激励策略的工作才能展开。对于核心员工的激励策略更加要以符合心理原则为指导，企业家要了解核心员工的心理与想法，并使之与企业战略相一致，因而与核心员工的沟通工作就是重中之重了。

第九，目标结合原则。这个原则是指激励策略的最终目的是将企业目标与个人目标在客观上统一起来，使个体行为的完成保证了企业目标与个人目标的同时实现，实现企业与个人的双赢。激励策略必须把企业目标与个人目标有机地捆绑起来，一味地只单方面强调企业目标，不会起到良好的激励效果，因为员工不可能做到为企业忘我的、无私的奉献而全然不顾及自己的利益。

只有将企业目标与个人目标相结合，与个人利益挂钩，才能激发员工的积极性与创造力。目标结合原则尤其适用于激励策略中的薪酬制度与职业生涯设计，薪酬制度首先要解决目标设定问题，而在这其中就要将企业目标与个人目标相结合，下面的一系列设计才更具合理性。职业生涯设计更是如此，在对企业情况与员工的素质及个性特点分析的基础上，对员工长期的职业发展做出战略安排，而员工的个人目标与企业目标必然是融合其中的，并不断地变化发展。核心员工具有目标导向的特点，对他们的激励策略要将其个人目标明确化，与企业目标有机结合，并体现在其职业生涯设计中。

第十，按需激励原则。按需激励，顾名思义，就是按照员工的需求加以激励。以满足员工主要的需求层次为目的进行的激励会更具针对性，起到良好的激励效果。具体说来，对一般员工的按需激励，主要是满足其生理需要、安全需要以及社交需要三种低级需要。不是说他们就没有高级需要，而是指低级需要往往占据他们的需求结构的主导地位，对其低级需要的满足才最有激励作用。对核心员工则相反，在他们的需求层次结构中占支配地位的是高级需要，即尊重需要与自我实现需要。

他们的低级需要已基本得到满足，已起不到激励作用，因而他们不把薪酬看得最重要，他们离职的大部分原因是感到缺乏个人发展空间，在他们要离开时，对他们的事业留人比待遇留人更有效。按照麦克里兰的成就需求理论，核心员工是成就导向型员工，他们需要的是工作带来的成就感，满足核心员工的这一需求能带来最好的激励效果。

从激励性质上划分，可以将激励分为正激励与负激励。正激励就是鼓励与强化符合社会需要的个体行为，使这种个体行为得到保持并发扬光大。负激励就是制裁与惩罚不符合社会需要的个体行为，使这种个体行为得到抑制或消除。

正激励是对个体行为的一种肯定，负激励是对个体行为的一种否定。正激励与负激励是对个体行为的截然相反的两种强化，正激励主要指对个体行为的奖赏，从而起到正面激励的效果，负激励是对个体行为的惩罚，从而从反方向激励个体行为。正激励与负激励是激励机制的两个方面，二者缺一不可。

具体到企业的人力资源管理，激励机制必须将正激励与负激励紧密结合，并以正激励为主，负激励为辅。"小功不奖则大功不立，小过不戒则大过必生"，如果只奖不罚，易使员工滋生骄傲自满情绪，导致犯错甚至产生更严重的后果；如果只罚不奖，则不易激发员工的积极性与创造力，甚至引起员工的逆反及抵触情绪。

但实践证明，正激励比负激励的作用更大，鼓励与批评相比更能帮助一个人进步。因而企业的激励策略一定要以正激励为主，负激励为辅。即多从正面实施激励措施褒奖先进，鞭策与带动后进，而不可设立过多的"严刑酷法"惩罚后进，这不仅不能起到很好的激励作用，而且也与以人为本的企业文化相违背，只有奖多于罚才是符合人性的设计，才能真正调动员工的积极性。

对于核心员工更是如此，他们的自尊心极强，过多的负激励必然在其身上产生负效应，使其感到失去了面子，引起他们的反感与不快，进而可能造成其离职的后果。企业对核心员工的激励要以正激励为主，且正激励的方式要多种多样，综合运用，同时要尽力缩小负激励所占的比例，给予核心员工必要的尊重以及维护他们的自尊。而核心员工一旦了解企业的良苦用心，就会感恩图报，将更大的热情投入到工作中，提高企业的绩效，这才是企业想要看到的结果。

从激励的形式来看，激励可以分为内激励与外激励。内激励是一种发自员工内心的激励，它来源于工作本身的刺激，如工作的挑战性，工作乐趣，工作带来的成就感与满足感等。外激励是来自工作之外的激励，是在完成工作或离开工作场合之后从别处获得的满足，如下班回家的休息与娱乐，薪酬的奖励等。显然，内激励是一种更加持久的激励，而外激励带来的激励效应不会持续很长时间。企业的激励机制要将内激励与外激励相结合，以内激励为主。因为内激励是更为根本的激励，且时间长久，所以企业要以内激励为主，外激励为辅。

内激励与外激励是一种正相关的关系，二者相辅相成，共同对员工发挥着激励作用，如员工既需要工作带来的成就感，也需要薪酬福利等待遇的保证。同时，内激励与外激励也是一种负相关的关系，过多的外激励会影响内激励发生作用。

例如在学校中，许多学习任务对学生本身是有很大的内在乐趣的，可以在无外力影响下自行完成；但若给予时间限制或用考试和评分来施加压力，活动便成为指派的任务，使原有的兴趣荡然无存，自觉性也就消退了。所以，为了维持学生的内激励，必须谨慎控制外激励的使用，要尽量以内激励手段为主，如鼓励学生自主地安排学习，帮助他们认识学习的重要性、学习的目的，及时向学生反馈学习结果，使学习活动丰富多彩等。

对于企业的核心员工来说，内激励的作用显然要比外激励大得多，因为核心员工都是成就导向型的员工，他们的事业成就感重于一切，远远超过了对薪酬的需要。因而，给核心员工事业与个人发展空间比高薪会更为有效，企业在对核心员工进行激励时，必须注意拿捏内激励与外激励之间的度，掌握好分寸，以免弄巧成拙。

在实施激励的过程中，也不能忽略激励机制的作用，即激励时机、激励频率与激励程度对激励过程的影响。激励时机即实施激励的时间选择问题，既不能过早也不能过晚，要及时，要雪中送炭，而不是雨后送伞。

激励时机包括期前激励、期中激励以及期末激励。顾名思义，期前激励就是在工作开始之前就制订一定的工作任务与奖惩方案，让员工以此为目标积极地完成工作，虽然其能使员工的目标明确化，从而达到一定的激励效果，但期前激励无法对工作中及工作后的各种情况作及时地反馈，体现了一定的弊端。期中激励就是在整个工作过程中，不时地对员工的表现进行激励，这尤其适用于工作时间长，工作任务繁重，需要在工作中对员工进行激励的情况。其优点是互动性，反馈性强，缺点是缺乏系统性。期末激励是在工作任务完成之后对员工表现进行的总结与激励，这主要适用于开始时难以确定工作目标，无法期前激励的情形，期末激励对员工的评价会更为准确，激励效果显著，但缺点是不及时。

激励时机的把握必须拿捏适度，掌握好火候，不论是期前激励、期中激励还是期末激励，都要从企业的自身情况、工作任务的安排以及员工的不同情况出发，实事求是，具体问题具体分析，灵活使用，不可一概而论。不能给员工太过提前的"祝福"，也不能给员工"迟来的爱"，这些都无法起到真正的激励效果。

具体到企业的核心员工，他们所承担的工作任务一般难以确定准确的指标，且任务繁重，他们又看重工作评估与业绩的反馈，所以期中激励与期末激励较为适合他们。企业在对核心员工进行激励时机的选择时，可以重点关注这两种激励时机。

激励频率就是在一定的工作周期内激励的次数。这种激励机制对激励效果的影响是明显的，有时激励次数越多，激励效果越好。但有些情况下，激励次数越多，却适得其反，激励效果很差。可见，激励频率与激励效果既是一种正相关的关系，也是一种负相关的关系。那么应该怎样使用激励频率呢？这首先要看企业的激励资源的贮备情况，激励资源丰富就有条件对员工进行高频率的激励，激励资源贫乏就只能进行低频率的激励；其次要看工作任务的复杂性与繁重程度，工作任务复杂与繁重时就需要高频率的激励措施，而工作简单轻松时就只需要低频率的激励；最后要对员工具体问题具体分析，对于素质较低、自觉性较差的员工要经常性的激励，而对高素质的人才往往只需要低频率的激励。企业的核心员工是高素质人才，一般工作自觉性很高，对其激励的频率就不宜过高。

激励程度就是给员工激励量的多寡，或奖惩标准的高低。激励程度与激励效果也并不是完全是一种正相关的关系，不是说激励的程度越大，激励效果就一定越好。有时二者会成一种反比关系，激励程度越大，反而起不到激励效果，还会适得其反，弄巧成拙。

比如你给员工的奖赏过多，甚至大于他的付出，那么他就易骄傲自满，不思进取，懈怠工作。如果你给员工的惩罚过于严重，就会挫伤员工的工作积极性，使员工自暴自弃，放弃努力，甚至感到委屈而选择辞职而去。而如果你的奖赏标准又过低，就会使员工感到付出多于回报而产生不满情绪，不但无法鼓舞士气还打击了士气。

如果你的惩罚措施过轻，也对员工起不到预期的负激励效果，员工会因再犯成本低而重蹈覆辙。因而，你的激励标准的设定必须刚好能起到最佳激励效果，避免火候不到或过度。对于你的核心员工来说，较深的激励程度还是必要的，当然，这里主要指正激励，对核心员工不宜进行过重的负激励。因为核心员工的市场价值高，正激励过轻难以满足他们的需要，他们就很容易被你的对手高薪挖走，因而你必须对你的核心员工进行深度的正激励，以更好的激励留住他们。

三、激励实施步骤

掌握了激励的实施要点之后，就要进入激励实施的具体步骤了。激励实施可以分为三步走，即首先评估员工的绩效，然后了解员工的需求，最后确定激励的方法。员工的绩效是你对其进行薪酬等激励的"硬件依据"，而员工需求则是你给予激励的"软件前提"，只有综合了"硬件依据"与"软件基础"，才能为员工量身打造适合他们的激励方法，这样的方法才最具针对性并行之有效。

1. 评估员工绩效

所谓绩效，是指工作的成绩或工作的效果。评估就是做出定量或定性的评价与估算。员工的绩效评估就是企业检验员工工作任务的完成情况，对员工的工作业绩、职业技能以及各种潜在素质进行一定数量与质量的评价，将此评价与对员工的薪酬激励挂钩，并把此评价作为对员工一系列管理的前提或考量因素。绩效评估分为 4 个阶段，即制订目标阶段、辅导阶段、评价阶段以及反馈阶段。

第一阶段，制订目标阶段。这是绩效评估的首要步骤，严格地说，应该叫做分解目标阶段。即先把企业战略转化成企业目标，然后把企业目标分解成部门目标，最后再由部门目标分解到个人目标。这种从上到下的层层分解是横向联结的。这样做的目的是实现企业目标与个人目标的相结合，使员工的工作业绩、自身能力以及发展潜能与部门目标、企业战略紧密结合起来，真正实现企业与员工的双赢。这就要求企业的战略必须具有可操作性，同时各个岗位的职责有清楚的描述与明确的划分，以保证个人目标的明确与可行性。

第二阶段，辅导阶段。这个阶段贯穿员工完成绩效指标的全过程，即企业对员工的工作表现与工作的阶段性成果进行观察与指导，帮助员工调整偏差以及帮助员工提高技能等，并随时对目标进行修订以与企业目标保持高度一致。这个阶段最重要的环节就是与员工进行持续不断的双向沟通，如一对一的面谈，定期会议等。上级提供信息反馈，下级提供业绩反馈。通过沟通发现实现目标中的问题，以及时地解决问题。对员工的辅导与沟通可以发挥绩效评估的导向作用，及时纠正员工的偏差，不至于偏离企业目标的方向。

第三阶段，评价阶段。这个阶段是对员工的绩效作评估的阶段。由于评价结果往往与加薪、晋升、培训机会等相联系，因而这是员工最为敏感的环节。在这个阶段中，工作业绩无疑是最为重要的评价标准与硬性指标，工作业绩能直观地反映出员工的工作能力的强弱与工作态度的优劣。但绩效评估决不能仅仅是工作业绩的考核，它还必须反映出员工的职业技能、综合素质与发展潜力等，因为只有对一个员工全面的、综合的评价才会使对其做出的职业发展计划更为科学与可行。

第四阶段，反馈阶段。这个阶段是企业对员工绩效评估的最后阶段，即将评估结果与员工的薪酬、晋升、培训以及职业发展等挂钩的阶段。企业对员工的加薪或晋升的决定不能一厢情愿，必须听取员工的意见，与员工及时沟通，了解员工的需求，与员工一起商讨激励的方法或者职业生涯计划的调整，员工缺什么，你就补什么，给员工他最想要的东西。这样才能起到绩效评估的激励效果，使整个员工的绩效评估善始善终，最后能够画上一个圆满的句号。

在对员工进行绩效评估时，以下几个注意事项需要你特别予以关注。

第一、要将沟通贯穿绩效评估的始终。

有人说管理就是沟通。绩效评估更要将沟通贯穿始终，在制定目标时，要听取员工的意见，给予其参与决策的机会。在执行任务的过程中，要保持上下级沟通渠道的通畅，使企业能及时对员工纠正偏差与指导改进。在评价与反馈阶段要通过沟通了解员工的要求，以设计适合其需要的加薪晋升以及一系列激励方案。可见，在绩效评估过程中，沟通无处不在，沟通渠道在任何环节的阻塞都有可能影响绩效评估的效果，因而企业要保证沟通在绩效评估过程中的通畅。

第二、绩效评估要公开、公平、公正。

这三公原则是绩效评估的重要原则，如果绩效评估结果有失公正，那么整个绩效评估就是失败的评估，前面所做的所有努力也都前功尽弃。在评估过程中，有的企业喜欢做老好人，把所有员工都评为优秀，或者没有最好也没有最差，全部评为中游。这种敷衍了事的评估形同虚设。绩效评估经常发生有失公正的现象，如靠关系、走后门、或者有其他的暗箱操作。这些评估都不能真实反映员工的工作表现，绩效评估也就失去了意义。同时，还会引发员工对企业的信任危机，甚至引起其强烈不满而离职的后果。

第三、绩效评估重在奖勤而非罚懒。这就要正确理解绩效评估的激励功能，绩效评估的主要目的在于激励，而非惩罚。绩效评估是要通过对员工的工作业绩，职业技能以及其他素质的综合测评，找出优秀的员工，以评估结果作为对其加薪或升职等激励策略的依据。而对落后者的惩罚不应以绩效评估为依据，应该另设其他的考评工具，否则将是曲解了绩效评估的设计本意，影响绩效评估的激励效果的发挥。

在绩效评估的工作中，许多名企给我们做出了榜样，有很多有益经验供我们借鉴。通用（中国）公司的考核内容包括"红"和"专"，"专"是工作业绩，硬性的东西；"红"是考核软性的东西，主要是考核价值观；这两个方面综合的结果就是考核的最终结果，可以用二维坐标来表示。

通用的年终目标共有4张表格。前3张是自我鉴定，其中第一张是个人学历记录；第二张是个人工作记录（包括在以前的公司的工作情况）；第三张是对照年初设立的目标，自评任务的完成情况，根据一年中的表现、取得的成绩，对照通用公司的价值观、技能要求等，确定自己哪方面是强项，哪些方面不足，哪些方面需要通过哪些方式来提高，需要得到公司的哪些帮助，在未来的一年或更远的将来有哪些展望等（前任总裁韦尔奇在当年刚加入通用公司时就在他的个人展望中表达了他要成为通用公司全球总裁的愿望）；第四张是经理评价，经理在参考员工个人自评的基础上，参考前3张表格，填写第四张表格，同时经理填写的鉴定必须与员工沟通，取得一致的意见。如果经理和员工有不同的意见，必须有足够的理由来说服对方；如果员工对经理的评价有不同的意见，员工可以与经理沟通但必须用事实来说话；如果员工能够说服经理，经理可以修正其以前的评价意见；如果双方不能取得一致，将由上一级经理来处理。在相互沟通、交流时必须用事实来证明自己的观点，不能用任何想象的理由。

考核的目的是为了发现员工的优点与不足，激励与提高员工，有效地提高组织的效率；考核的结果与员工第二年的薪酬、培训、晋升、换岗等利益联系。员工的综合考核结果在二维表中的不同区域时的处理：

①当员工的综合考核结果是在第四区域时，即价值观和工作业绩都不好时，处理非常简单，这种员工只有走人。

②综合考核结果在第三区域，即业绩一般、但价值观考核良好时，公司会保护员工，给员工一次机会，包括换岗、培训等，根据考核结果制订一个提高完善的计划，在3个月后再根据提高计划考核一次，在这3个月内员工必须提高完善自己、达到目标计划的要求。如果3个月后的考核仍不合格，员工必须走人。当然这种情况会比较少，因为人力资源部在招聘时已经对员工做过测评，对员工有相当的把握与了解，能够加入通用公司的都是比较优秀的。

③如果员工的综合考核结果在第二区域时，即业绩好但价值观考核一般，员工不再受到公司的保护，公司会请他走。

④如果员工的综合考核结果是在第四区域，即业绩考核与价值观考核都优秀时，那他就是公司的优秀员工，将会有晋升、加薪等发展的机会。

通用（中国）公司的考核工作是一个系统的工程：包括目标与计划的制订，良好的沟通，开放的氛围，过程考核与年终考核结合，信息的及时反馈，考核与员工的利益紧密联系，强调通用（中国）公司的价值观，领导的支持，管理层与一般员工的积极参与，有一个制度来保证等。

目标与计划的制订：目标计划是全年考核的基础，目标计划必须符合5个标准"SMART"，S是SPECIFIC，目标必须具体、明确；M是MEASURABLE，目标计划必须是可衡量的；A是

ACTIONABLE，目标计划必须是可执行的；R 是 REALIC，目标计划必须是可行的；T 是 TIME BOUND，目标计划必须有时间表。目标计划的制订必须与公司、部门的目标一致，制订目标计划必须与员工反复沟通推敲，在执行时如发现有不妥之处，必须立即修正。

过程考核与年终考核：考核是为了激励与提高完善员工，所以信息要及时给予反馈，员工表现好时要及时给予肯定表扬，在员工表现不好时及时提醒。到了年终考核时，所有的评价都是根据平时的表现，不仅有说服力，而且人力资源部的工作也不繁杂，因为全年不断地积累素材，平时把工作做到位了。

良好的沟通：包括各部门的上一级之间，人力资源部与其他部门之间，保证一个无阻碍畅通的沟通。这样员工和经理才能得到比较全面的信息。通用公司的环境是开放的，员工可以很轻松地与经理甚至总裁交流。良好的沟通也是通用公司的价值观所要求的：乐于听取各方的意见……致力于群策群力。良好的沟通不仅包括面对面的交流，员工的自我评定也是一种沟通渠道，员工有什么想法，有什么要求，希望得到公司的哪些帮助等都可以在考核时写清楚。

考核的结果与员工的个人利益、职业生涯发展密切关系：考核的结果与员工下一年的薪酬、培训、晋升、工作调动等挂钩，同时考核也是为了提高和完善员工自身的素质，公司会尽可能满足员工的一些想法和要求，鼓励员工写下自己的真实想法，并且尽最大的可能帮助员工实现。

2. 了解员工的需求

如果说绩效评估是对员工实施激励的硬性依据的话，了解员工的需求就是不可或缺的软性前提了。了解员工的需求使激励的实施更具针对性，才能使激励策略更加行之有效。企业员工的年龄、性别、学历、经验、性格特点以及价值取向等各不相同，这些决定了他们的需求也会相互区别，各有特色。如年轻的员工看重薪酬、工作的创造性以及晋升机会等，中年员工比较重视工作与家庭生活的平衡以及工作中的个人发展空间等，而老年员工则注重工作的稳定性以及福利的状况等。女性员工一般重视薪酬以及工作与生活的平衡，而男性员工看重企业的前景与自身的发展，愿意承担富于挑战性的工作。学历低、经验少的员工在意薪酬与福利待遇，学历高、经验丰富的员工注重工作带来的成就感以及个人发展空间。

按照麦克里兰的成就需要理论，员工可以分为成就主导型，权力主导型以及归属主导型。具有成就需要的人有强烈的事业心与进取心，设定有挑战性的目标，并以目标为中心而工作，他们看重工作带来的成就感远远超过薪酬；权力需要强的人喜欢驾驭别人，发号施令，希望得到注意与认可，好胜心强；而归属需要强的人喜欢与人交流与沟通，渴望受到别人的欢迎与喜欢，他们有加入一个团体或参加大型活动的愿望。

企业的员工性格各异，他们中既有成就主导型，权力主导型，也有归属主导型。核心员工也不例外，但一般而言，他们中的成就主导型与权力主导型居多，也就是说，他们的成就需要与权力需要更强烈。

从马斯洛的需求层次理论到麦克里兰的成就需要理论，我们可以基本得出，核心员工的需求一般是高级需求或成就需求等内在需求，在对他们设计激励策略时，就要重点满足核心员工的这些价值实现的需要。但是，虽然外在需求对于他们来说不如对一般员工那样意义重大，企业也不能因此忽略核心员工的外在需求，对他们的薪酬福利等待遇必须具有足够的吸引力，因为这些外在需求已经变成其身份的一种象征，已经转化成他们的内在需要——尊重需要，忽略了外在需要对于核心员工的潜在意义，将会使你为此付出惨重代价。

在了解有关需求方面，已经有企业做出了典范。如中国企业

第一部员工需求管理规章最近在宝钢股份公司新鲜出炉。这表明，我国制造业员工的需求在企业内部获得了一个新的表达、整合及回应空间。

专业人士在评价宝钢这个员工综合发展目标体系时说，以员工为主体，在企业发展空间中为员工需求设计一条清晰的实现道路，这在我国企业管理上是一大进步。在谈到这一管理规章的设计初衷时，宝钢表示，员工目标体系与企业战略共步同行，企业与员工才能共利双赢。以员工需求意见为基础形成的这个宝钢员工发展目标体系，强化企业调查挖掘员工需求的能力，整合员工短期及长期需求，形成能力、思想道德、科学文化及健康等四方面员工素质发展目标，并要求企业具备回应员工需求的"工作产品"供应能力。

这个员工需求管理体系规定，每年二季度对员工综合发展进行现状调查及需求收集，三季度向公司职工代表大会递交推进报告，四季度进行阶段性评估，并策划推出新一年度的目标和工作产品。每年的量化评估遍及企业各机关及基层厂部，并有监测性指标检验工作的有效性和针对性。

宝钢董事长谢企华多年来在不同场合反复表示，现代企业应做到企业及员工同步发展。宝钢股份副董事长欧阳英鹏说，建立员工目标体系，使得现代企业的这一先进理念在宝钢有了一个"现实的抓手"。虽然我国的国有控股企业在总体利益上与员工利益一致，但企业与员工毕竟是不同的主体。过去制订企业发展战略，基本上是从企业需求出发的，员工要适应企业。现在有了员工发展目标体系作为平衡，确立员工主体地位，以人为本，让员工需求有一个相对独立的回应空间，企业与员工相互适应，这样效果就不一样了。

挖掘员工需求是一个基础步骤。在持续整整两个月的调查中，宝钢员工反映了2 800多条需求意见。其中，个人发展空间和职业生涯规划是宝钢员工最想解决的问题。同时，宝钢员工还有强烈的学习和培训意愿。

从基层收集来的员工需求是"滚烫"的，也是"鲜活"的，但同时又是分散的。如何整合这些第一手需求，又不至于走样，是宝钢制订员工发展目标体系的又一难点。这里需要寻找几个平衡点：一是员工短期利益需求与长期需求之间的平衡；二是操作、技术及管理等不同层次员工需求的平衡；三是员工需求与企业需求及企业资源供给能力之间的平衡。

宝钢股份人力资源部负责人认为，最明显的就是薪酬问题。虽然宝钢员工的收入水平在上海是较高的，但对员工来说，"加工资"是永恒需求。而对企业来说，过高的员工收入，意味着劳动力成本的上升。目前与国际一流企业相比，宝钢的劳动力成本相对较低，如果员工工资收入上涨过快，就会削弱这种优势。因此，回应员工的薪酬需求，就要形成"与企业发展同步增长"的平衡原则。

在宝钢员工目标体系中，企业的基本刚性要求与员工需求相互渗透，形成柔性价值观。比如员工能力素质目标，就包括了学习、沟通、响应、改进、国际化等不同层次的能力需求，在不同的指标权重中得到相应的体现。由于员工需求是具体的，所以回应员工需求的企业供给也应该是具体的。

宝钢员工目标体系每年都要推出具体的"工作产品"。宝钢技术中心负责人对今年推出的"健康工作产品"印象最为深刻。他说，宝钢人普遍感到工作压力大，身体素质有待提高。在调查中，四成以上的宝钢人认为自己有时"下班后感到疲惫，没有精力做自己想做的事"，三成以上的人认为这种情况经常有。操作人员和技术人员在企业进行调整时心理状态会受到较大影响。今年宝钢推出的员工"健康产品"包括：建立员工健康档案；员工体检率纳入基层单位工作评价，增设相关体检检查项目；实施员工体育锻炼计划；严格执行员工休假制度，对特殊岗位采取弹性休假；根据每位员工的体检报告提供个性化膳食建议。除了身体健康目标，还要兼顾心理健康和环境健康目标。此外，宝钢还将建立员工知识共享平台，以回应员工提出的"知识信息互通有无"的需求。

3. 确定激励方法

有了"硬件"与"软件"依据，下面就要为核心员工确定适合他们的激励方法了。激励方法可谓多种多样，不胜枚举，那么应该怎样为核心员工确定激励方法呢？对他们的激励方法与一般员工有哪些共性，又有哪些不同呢？哪些才是对核心员工最为有效的激励方法？为他们确定激励方法时有哪些注意事项？

第一、重视物质激励的力量。物质激励就是薪酬、福利等看得见摸得着的物化激励，这是每家企业都不可缺少的最基本的激励方式，适用于包括一般员工与核心员工在内的全体员工。物质激励在满足员工基本的生活需要的同时，员工也可以为富有挑战性的薪资所激励，从而激发更大的工作积极性与创造力。如薪酬中的奖金、与业绩相挂钩的那部分工资以及弹性福利制等，这些都可以为所有员工带来激励的力量。物质激励的吸引力过小往往会影响员工对企业的忠诚度，不管是一般员工还是核心员工都会"人往高处走"，有被高薪挖走的危险。

所以任何企业都不敢小觑物质激励的作用，不敢动摇员工为企业效力的根基。尤其对于核心员工来说，物质激励已不仅仅是满足其基本生活的手段，从一定意义上说已经转化为精神激励的一部分，因为核心员工把薪酬高低看作是对自己的肯定与尊重程度，薪酬过低说明对自己的评价低，薪酬高则表达了企业对自己的重视与肯定。所以核心员工被猎头或你的竞争对手高薪挖走，也许并不仅仅是被那诱人的数字吸引，还有一种千里马找寻伯乐的心理，核心员工希望找到能认识其价值并加以珍惜的企业，核心员工愿意为这样的企业效力。否则，核心员工的自身价值总是被低估将是其无法忍受的，核心员工不会为这种"有眼不识泰山"的企业卖命。不管怎么说，你都不能忽视物质激励的力量，而且对核心员工的物质激励要比一般员工高出一个甚至几个档次，必须能够体现出核心员工的身价和与众不同。

第二、强化精神激励的力度。仅有物质激励是远远不够的，现在许多企业面临的问题就是忽视精神激励的作用，精神激励的力度不够。这方面的原因有很多，首先就是传统的以人为工具的思想在作祟，认为我给你发工资，你就要为我好好工作，没有树立以人为本的企业文化，因而很难营造精神激励的氛围。再者就是受到激励主体即管理者的素质的制约。中国缺少韦尔奇式的企业家，大部分管理者的综合素质不高，有时管理者自己都违反企业制度，或拉帮结派，排除异己等，更谈不上对员工进行精神激励。然而，精神激励的作用是巨大的，精神对物质的反作用能够在此体现出来。

如果精神激励的效果好，即使你给的薪水低，你的员工也不忍弃你而去，会心甘情愿地为你卖命。精神激励有多种方式，如信任激励法、情绪激励法、情感激励法、荣誉激励法、目标激励法、成就激励法等，正确地使用这些方法会起到意想不到的效果。而精神激励对于核心员工来说尤为重要，因为核心员工的物质需要一般已经得到满足，过多的物质激励效果已经不明显，精神激励能够满足他们更高层的价值需求，激发其内在的激励力量。如信任激励能满足其尊重的需要，成就激励能满足其自我实现需要等。所以企业要对核心员工物质激励的同时，强化精神激励的力度，满足其一系列高级需求，激发其更大的潜能与创造力。

第三、多种激励方法同时并用，相互补充。联想集团的激励模式可以给我们很多启示，其中多层次激励机制的实施是联想创造奇迹的一个秘诀。联想集团始终认为激励机制是一个永远开放的系统，要随着时代、环境、市场形式的变化而不断变化。

这首先表现在联想在不同时期有不同的激励机制，对于20世纪80年代第一代联想人，公司主要注重培养他们的集体主义精神和物质生活基本满足。而进入90年代以后，新一代的联想人对物质要求更为强烈，并有很强的自我意识，从这些特点出发，联想制订了新的、合理的、有效的激励方案，那就是多一点空间、多一点办法，根据高科技企业发展的特点设计激励多条跑道，例如：让有突出业绩的业务人员和销售人员的工资和奖金比他们的上司还高许多，这样就使他们能安心现有的工作，而不是煞费苦心往领导岗位上发展，他们也不再认为只有做官才能体现价值，因为做一名成功的设计员和销售员一样可以体现出自己的价值，这样他们就会把所有的精力和才华都投入到最适合自己的工作中去，从而创造出最大的工作效益和业绩。

联想集团始终认为只设计激励一条跑道一定会拥挤不堪，一定要设计多条跑道，这样才能使员工真正能安心在最适合他的岗位上工作。其次是要想办法了解员工需要的是什么，分清哪些是合理的和不合理的；哪些是主要的和次要的；哪些是现在可以满足的和今后努力才能做到的，总之联想的激励机制主要是把激励的手段、方法与激励的目的相结合，从而达到激励手段和效果的一致性。而他们所采取的激励的手段是灵活多样的，是根据不同的工作、不同的人、不同的情况制订出不同的制度，而决不能是一种制度自始至终。

在对员工确定激励方法时，切忌激励方法过于单一，因为自始至终只对员工使用一种激励方法会使员工失去新鲜感，进而不再发挥激励作用。按照马斯洛的需求层次理论，一种需要得到满足后，就不再具有激励作用，只有未得到满足的需要才有激励作用。而员工的需要有时又是相互重叠交叉，循环往复的。多种激励方法的同时并用可以弥补一种方法容易失效的缺陷，使员工的各种需要得到较为全面的满足，从而能全方位地对员工进行激励，起到最佳的激励效果。

对于核心员工也要准备好一揽子的激励方法，当然，这些方法在注重全面性的同时也要有侧重点，比如要向精神激励、正激励以及内激励等方向倾斜，因为总体来说这些是更为适合其需要的方法，如果像对一般员工那样着重使用物质激励、外激励或负激励比重过大的话，就不会产生良好的激励效果，甚至适得其反，带来更为严重的后果。

第一、企业家参与使用激励方法。

这涉及激励方法的实施主体问题，对于一般员工而言，由人力资源部门、部门经理以及其顶头上司作为激励主体对员工进行激励，这样做已经能起到良好的激励效果。但对于核心员工则不然，由企业家直接参与对其实施激励会效果更佳。因为核心员工在企业中的地位特殊，他们为企业创造着80%的价值，有的还是企业的开山鼻祖，如果只是由人力资源部或部门经理来对他们进行管理，指手画脚，恐怕"分量"不够，难以使他们臣服。尤其激励是人力资源管理中最具灵活性的环节，直接影响着士气，影响着员工积极性主动性的发挥，因而对管理者提出了极高的素质要求。

对核心员工这类如此重要的群体实施激励这种如此重要的管理，其实施主体非企业家莫属，也只有企业家能担当这个重任。企业家亲自对核心员工实施激励，其本身就已经算一种激励，企业家不论再具体实施哪种激励方法，都算是双重激励了，这样的激励效果也必然是锦上添花。比如企业家亲自给核心员工的鼓励，亲自为核心员工嘉奖等都会对核心员工产生极佳的激励作用，受宠若惊的核心员工就会以加倍的努力工作回报企业家的厚爱，从而激发潜力，提高企业的绩效。

第二、激励方法要富有个性。

对核心员工的激励方法应该是独具个性的，与一般员工相区别开来。这种个性首先体现在对核心员工的激励方法层次更高，使用的程度更大，成本也更大。这当然是由核心员工的特殊身价决定的，调用企业80%的资源管理他们都不为过，何况这些不算高昂的激励成本。对核心员工激励的高成本具体体现在薪酬更高、精神激励更多、企业家亲自实施等。这些高规格待遇适用于企业的灵魂人物——核心员工，不仅理所应当，而且必然带来高额的回报。

对核心员工的激励方法的个性化还体现在要为其设计独具特色的个性化激励方案。这个设计过程必然是烦琐而复杂且成本巨大的，但一旦实施成功，其带来的回报也必然是惊人的。个性化激励方案首先要对核心员工进行细分，依据其不同的专业背景、性格特点、价值取向等划分为不同的类别，然后将不同的物质激励、精神激励等激励方法与之相匹配，最后设计出最适合每一个核心员工需要的个性化激励方案。这种针对性强的激励方法必然带来最佳的激励效果。

四、常用激励方法

激励方法林林总总，不胜枚举，每家企业都有其独具特色的激励方法，总的说来，可以将这些激励方法按照情感型激励、事业型激励与待遇型激励做出划分。情感型激励包括信任激励法、情绪激励法、情感激励法、荣誉激励法、宽容激励法等；事业型激励包括目标激励法、危机激励法、榜样激励法、领导行为激励法，成就激励法等；待遇型激励包括知识激励法、职务激励法、奖罚激励法、考评激励法等。对这些激励方法的使用要因地制宜，因人而异。对某一家企业或某一个员工有效的激励方法，不一定对其他的企业或员工也一定有效。下面结合案例将这些激励方法做一简单的介绍。

1. 信任激励法

信任激励法是一种有效的情感型激励，"疑人不用，用人不疑"，这份信任的情感会带来巨大的激励力量。信任会拉近你与员工的心理距离，产生朋友式的情感，因为只有亲人与朋友之间才有所谓的信任。这种朋友式的情感无疑会为你管理员工扫清沟通障碍，避免因不信任而产生的隔阂，减少了"上有政策，下有对策"的推诿与应付。碍于朋友的面子，员工至少不会刻意给你找麻烦。如果这份信任真挚，你们友谊深厚，员工甚至愿为你两肋插刀，必然会在自己的工作岗位上埋头苦干，兢兢业业地为你的企业做贡献。

信任表达的是一种尊重，而尊重又是以人为本的前提，信任又是你进行授权的基础。只有对一个员工信任，你才会将工作任务与权力交给他，放手让其一搏。这份信任对核心员工尤为重要，信任激励法对他们是十分有效的。因为你的信任是对其工作能力以及综合实力的肯定，你的信任表达了对核心员工的一种友善，你的信任会增强核心员工工作的责任感。出于信任，你会对核心员工充分授权，提供其想要的个人发展空间，为核心员工搭建其施展才华的广阔舞台，这会提高核心员工对你的忠诚度，加重你事业留人的砝码，使核心员工为了不辜负你的这份信任而对你死心塌地，不离不弃。这将是你愿意看到的结果。

2. 情绪激励法

情绪激励法实质上是一种士气激励法。企业这台大机器是靠全体员工来转动的，士气高涨就会使企业运转顺利，提高企业效率，从而保证企业在业内的竞争力。士气低落则会使企业的运转受挫，降低整个企业的效率，处于被对手赶超的危险之中。那么应该如何鼓舞士气呢？你常对员工面露微笑，员工也会保持微笑。你对员工多一些赞美，员工就会干劲十足。你亲自祝贺或慰问员工的婚丧或嫁娶，员工会心存感动。你为员工举办丰富多彩的聚会与活动，员工会增强凝聚力并朝气蓬勃。情绪激励法就是传递一种快乐，就是创造一种精神，就是营造一种和谐融洽、积极向上的工作氛围。科学研究发现，工作效率与工作能力及工作的快乐程度正相关，工作能力强，工作效率高，工作时是快乐的，工作效率也高。

因此，从一定意义上说，快乐就是生产力。情绪激励法的目的就是生产快乐，创造生产力。如果说使用情绪激励法不难，让你的员工快乐起来不难，那么提高你的企业的绩效就不难，让你的企业更强大就不难。然而现实是，很少有企业做得到，用得好。因为这种良好的工作氛围是与企业文化密切联系在一起的，优秀的企业文化会打造出健康向上的员工面貌与企业风气。反之，你的企业文化是等级森严、专制独裁式的旧风格，员工士气必然是压抑的，萎靡的，一蹶不振。如果你做不到让所有员工奋发向上，那么至少要让你的核心员工斗志昂扬。快乐是能够传染的情绪，不要吝啬你的能量，从你做起，从现在做起，想方设法鼓舞起你的核心员工的士气。别忘了他们身上的能为你创造80%利润的能力以及无限潜力，你的这点"滴水之恩"，必会带来核心员工的"涌泉相报"。

3. 情感激励法

情感激励的目的就是使你的员工对你的企业以及周遭的人际关系产生一种感情与依赖，甚至达到以企业为家的最佳状态，从而不忍离开，与周围的一切告别，心甘情愿地为你的企业做"爱的奉献"。人是理性与感性的结合体，但首先是感情动物，大部分时候人还是无法做到理智战胜情感。因而你为你的员工制造的这种情感牵绊，员工很难眼睛眨都不眨就剪断，这是你为员工设置的心锁，一条厚重的锁链牢牢地拴住你的企业和员工的心。员工可以背叛一切，却无法背叛自己的心与情感。情感激励就要表达你对员工的关爱。

某收割机厂 1997 年 7 月与美国约翰迪尔公司合资，美方一位女工程人员在酸洗车间看到工人只是戴着简易的口罩进行有毒作业，而车间周围的树因为受腐蚀已经枯死，就要求将工人的口罩改为防毒面具。随行的中方管理人员由于对酸腐蚀认识不足，就随口应付她说，你们美国才有那玩意儿，中国没有。没想到，这位女士回国后不久发回一份传真，让中方管理人员着实尴尬了一回。这位女士在传真中写道，她已经了解清楚，美国总厂使用的防毒面具正是中国某省一家企业生产的，具体地址附上，请速购买。这种对员工的真心关爱，使一个长年亏损的企业，在第二年就实现盈利3 000多万元。

情感激励不仅是激发员工创造力的激励方法，更是拴住员工的留人方法，因而在员工想要离开企业时，情感留人往往行之有效，留人效果不亚于待遇留人与事业留人。那么，如何做到情感激励呢？其实只有两个字，沟通。感情是培养出来的，如何培养？就是通过相处与沟通得来的了解与喜爱。企业里的沟通包括上下级间的沟通，以及同一级之间的沟通。

情感激励法的成败从一定意义上说取决于企业的沟通渠道是否通畅，也与企业的传统密切相关。如果说你的企业的沟通机制是健全而富有成效的，或者说你的整个企业里面能够实现上级与下级，以及员工与员工之间的随时随地无障碍沟通，那么，员工之间的情感链条就容易被搭建，你的情感激励法的使用就会大为有效。核心员工是你企业的灵魂人物，用情感激励的方法将其留在你的企业是你对其管理的重要任务之一。

具体说来，对核心员工的情感激励首先要靠企业家的努力，即企业家要加强与核心员工的沟通，与核心员工建立良好的私交关系，最好是做一位识才惜才的伯乐，让核心员工这匹千里马达到"士为知己者死"的境界，那么所谓的激励人才与留住人才就不在话下了。

另外，要培养核心员工与周遭人际关系的感情，就是要加强其团队精神的培养，让其成为能够带领团队冲锋陷阵的领袖，成为团队不可或缺的核心人物，那么，核心员工将难以背叛他的团队、他的战友，你也就达到了对核心员工情感激励的目的与最佳效果。

4. 荣誉激励法

荣誉激励法既可以说是一种情感激励，也可以说是一种事业型激励法，它是对员工卓越工作业绩的一种肯定与褒奖，是一种较为高层次的激励，是对员工的高级需求即尊重需求的一种满足。不管是对一般员工还是对核心员工，对尊重需求的满足都会带来良好的激励效果。荣誉激励法会给员工带来一种自信，使其确信自己是出类拔萃的，从而愿意为荣誉而战，如保持现在的工作成果甚至更上一层楼，这就会激发起员工更大的工作积极性、主动性，投入更大的工作热情。荣誉激励法的形式多种多样，每家企业都有自己不同的特色，可以是当众表扬，可以是颁奖典礼，也可以是奖状、礼物或其他灵活的方式。

美国 IBM 公司有一个"百分之百俱乐部"，当公司员工完成他的年度任务，他就会被批准为"百分之百俱乐部"成员，他和他的家人被邀请参加隆重的集会。结果，公司的雇员都将获得"百分之百俱乐部"会员资格作为第一目标，以获取那份光荣。这一激励措施有效地利用了员工的荣誉需求，取得了良好的激励效果。

曾经有人亲眼见识了一个别出心裁的金别针奖励。圣诞节快要到了。北欧航空公司的卡尔松悄悄地叫来秘书，吩咐他去定做一批纯金西服别针，做工一定要精良，并要求将做好的西服别针在圣诞节前夕分别寄到公司员工的配偶手中。

我们有个代表团在北欧航空公司总部考察访问得知了这件事情。这一天有个代表在总部大楼的门口，看到一位大约 50 岁的老门卫的制服上别着这枚别针。他就问他："你拿到这枚别针时是什么感觉?"老门卫说："那是圣诞节的前几天，我像往常一样下班回到家，一开门，没想到我的老伴从房间里冲了过来，搂着我就是几个狂吻，并大声说：'汤姆，你真棒!'她的眼睛里闪动着泪花。我不明白发生了什么事，老伴激动地说：'汤姆，你看看桌子上是什么？'我看到桌子上放着一个精致的小盒子，盒子里摆放着一枚金光闪闪的别针。盒里面还有一张小纸条，上面写道：

尊敬的托玛逊太太：

感谢你一年来对托玛逊先生工作的全力支持，使得北欧航空公司的工作取得了很大成就。我谨代表我个人向你表示衷心的谢意。

杨·卡尔松

这天晚上，我和老伴一边喝着酒，一边聊着。我们说了很多，最主要的话题就是，明年我该怎样做才能不辜负总裁的期望。我们决定：只要公司一天不辞退我，我就尽最大的努力做好自己的工作。"

不管什么激励形式，其目的就是让员工感到受尊重，让员工更自信，让员工工作起来更有干劲。但是在选择荣誉激励法的形式时，必须要顾及到受激励员工的性格特征。有些员工性格外向，喜好在众人面前表现与张扬，这时你采用颁奖典礼的形式对其进行激励，就会正合其意，满足其"虚荣心"，从而起到良好的激励效果。然而，颁奖典礼却不一定适合所有的员工，有的员工性格内向，处事低调，厌恶在众人面前出风头。那么，你的大张旗鼓的激励方式会引起其反感，不但起不到激励作用，甚至适得其反，产生负面效应。所以荣誉激励法要因人而异，不能一刀切。

荣誉激励法对核心员工应该是经常适用的，因为他们为企业所作的杰出贡献。对核心员工的荣誉激励最好由企业家亲自进行，这更能表达企业对核心员工的尊重，激励效果更佳。为了保持新鲜感以及最好的激励效果，荣誉激励法的形式不能过于单一，要结合核心员工的个性，设计个性化的激励方案，同时也要结合其他激励方法综合使用。

5. 宽容激励法

宽容激励法是与负激励相对立的一种激励方法，它并不对员工的错误行为进行惩罚，而是采取宽恕的态度，给员工悔改的机会与空间，以期员工能够将功补过，取得更好的业绩。金无足赤，人无完人，谁都有犯错误的时候。宽容激励法是一种更人性化的激励方法，往往比单纯的负激励惩罚员工收效更好。

惩罚措施也许会使员工充分认识到错误的严重性并承担不利后果，使员工不敢再犯，也可以严明企业军纪，杀一儆百，树立反面典型，起到负激励效果。但同时这种做法会打击员工的士气，使员工工作起来谨小慎微，降低了工作热情，其以后的目标是不再犯错而很难再提高个人绩效与企业绩效，这样做的结果对企业是不利的。而宽容激励法则不同，它容忍员工的错误并给予其改正的机会，这样就会使员工对企业感激涕零，会以加倍的努力工作弥补自己的过失，并回报企业的宽恕之恩，这样做的结果是激发员工更大的积极性与潜力，不断提高个人绩效与企业绩效。

另一方面，宽恕激励法还表达着企业的这样一种态度，即允许员工犯错误，甚至鼓励员工犯错误，有的企业在招聘时要求员工展现自己的缺点，而拒绝完美型的员工。因为从某种意义上说，犯错误意味着员工还有创新的潜力与空间，只有在工作时缩手缩脚、墨守成规的人才不会犯错。容纳犯错与鼓励犯错对一家企业的技术创新来说是十分重要，意义重大的。核心员工是企业技术革新的领头羊，对他们犯错的宽容就是对企业发展的期待，所以企业要重视对核心员工的宽容激励。

下面我们来看一个企业老总容纳一位销售人才之过的感人故事。刘永刚在一个规模不是很大的食品公司做销售主管已经4年了，在4年的销售工作中一直勤勤恳恳，好学上进。每年他的销售业绩都是全公司第一名，深受老总的喜爱和赏识，同时也是其他业务人员学习的榜样。可是有一次他出差从客户那里拿回公司的货款时，接到了家乡父亲的一个紧急电话，告诉他母亲不幸得了直肠癌急需手术，家里已经尽了全力，也凑不齐手术费，要他想办法弄钱救命。刘永刚此时脑子一片空白，突如其来的噩讯使这个身高一米七八、遇事从未退缩的小伙子掉下了伤心的眼泪。他没有多想，狂奔到邮电局，从公司货款里拿出 1 万元寄回了家里，在汇款单上的留言处写下了：1 万块为了救妈妈。

在回公司的路上，刘永刚害怕了，作为销售主管的他，十分清楚公司严格的财务制度和铁的销售纪律。挪用公款是销售人员的大忌，轻则退赔开除，重则是要绳之以法的。4 年销售工作中从未出过一分钱差错的他，不敢再往下想了，似乎已看到了一双冰冷的手铐摆在了他的面前……

在公司老总的办公桌上，摆着的是公司的剩余货款和一张邮电局汇款收据，刘永刚和老总足足谈了一个多小时，老总始终是一副冷峻的脸，最后老总说道："你先休息一下，叫张助理通知销售部全体人员，一小时后开紧急会议。"刘永刚心里想：这一下肯定完蛋了。当全体销售人员坐在公司会议室时，会场鸦雀无声。老总在会上重申了公司严格的销售纪律和财务制度之后，却向刘永刚表示深深地道歉，老总再三自责，检讨自己对下属的关心不够，并告诉大家刘主管家里出了大事，自己拿出一万块钱借给刘永刚，并让刘永刚在借条上写上从每月工资里归还的具体金额。这一下由挪用公款变成了老总和刘永刚私人之间的债权债务的关系，公司的货款分文未少，交到了公司的财务科。在企业工作 4 年之久的刘永刚，被老总这种宽容的处事方法深深感动。

第二天，销售部办公室的墙壁上贴出了两份新的公告。公告一，《某某总经理向刘志刚的致歉信》，大致内容是由于老总对下属的关心不够，导致刘志刚同志在很急的情况下挪用了公款，主要责任应由老总承担，向刘和全体销售人员道歉，并希望大家能够吸取教训，不能再出现第二次。

公告二，《销售部门新增加三条措施的规定》。第一条，从即日起每月的销售工作汇报不仅是产品的销量、客户的管理、市场信息等情况的汇报与总结，特别增加重要的一项，就是销售人员自己本身的情况，包括父母亲生活状况、身体状况，结过婚的人还要包括他们夫妻之间和子女情况的汇报。第二条，从老总开始，每个人每个月按照工资的百分比，拿出一定数额的钱，建立一个"爱心"互爱互助基金会，以防范销售人员本身或家庭的突发事情。基金会的会长由销售人员自己选定，老总只是一名会员而已。基金的支出需要向大家完全公开。第三条，如果有人因各种原因离开公司，可以按比例取走属于自己的那一部分钱。

这时整个销售部的全体人员被老总深深感动，其中有一位说道："我们公司不大，产品也不是很畅销，但是我们有可信的公司作依靠，有爱心基金作保障，我们没后顾之忧，只有大家团结一致全身心地投入市场一线去拼搏。"刘永刚留下了，销售人员的心更齐了。现代的企业对人的管理是核心，尤其是对销售人员的管理，因为销售人员流动性大，他们长期在外，企业不能对他们像放出去的小鸟，不管不问。要经常与他们保持联系，加强交流，要了解销售人员在外的困难和苦衷，比如他们在外的衣食住行，口袋里有没有钱，身体怎么样等，尽可能做好他们的后勤工作。往往在员工的生日或节日之时，打一个问候电话，在他们生病的时候送上一盒药，倒上一杯水，都能体现企业管理者对下属的重视和尊重。用充满温情的方法，将"以人为本"落到实处，用真情留住销售人才。

6. 目标激励法

目标激励法的设计原理是目标设置理论。这一理论告诉我们，所有的外部刺激包括奖励、惩罚、压力等都是通过目标来影响个体的动机与行为的，目标越明确，难度越大，最后取得的成效就越好。如果目标不明确，就不会激起激励力量产生激励效果。目标激励就是给员工设立一个明确的目标，让员工为了实现目标而竭尽全力，激发出潜能与活力。这个目标必须是将企业目标与个人目标相结合的目标，只从企业目标出发，为员工硬性指派工作任务，不会从根本上激发员工的工作积极性，员工完成工作任务或工作指标的结果应该是达到企业目标与个人目标同时实现的双赢。

目标激励法的使用主要体现在对员工的绩效评估以及职业生涯设计之中，对员工的绩效评估就是检验员工是否实现预期设定的目标，并以此作为薪酬等激励的依据。而将企业目标与个人目标相结合的规划更是贯穿员工职业生涯设计的始终，这是员工职业长期发展的一条主线，并随着企业目标或个人目标的变化而不断调整与改进。目标激励法对核心员工是格外有效的，因为核心员工的一大特点就是喜欢为自己设立明确的目标，并为实现目标而奋斗。所以，企业对核心员工的个人目标必须明确化，并使之与企业目标相结合，由于核心员工的高素质，可以将目标设定得稍高，这样会带来更强的激励作用。

7. 危机激励法

危机激励法是一种较为特殊的事业型激励法，它通过危机意识，给员工施加一定的压力来激发员工的潜能，创造更大的工作业绩。据科学实验表明，适度的焦虑会给人以紧张感，提高做事的努力程度，焦虑加深到某一程度，会使业绩水平达至最高。

当然，过度焦虑也会影响最后的业绩结果。利用这一原理来对员工进行危机激励是行之有效的，让员工意识到客户会离开，企业会破产，自己会失业，自己与企业的命运紧密相连，荣辱与共。只有自己努力工作，企业的业绩上升，才能实现与企业的共同发展。这样员工就不会高枕无忧，敷衍怠工了。

危机激励法的有效性还在于其使工作更具挑战性，引起员工想要战胜挑战的欲望，从而发挥更大的主观能动性，锻炼自己的能力，挑战自己的潜力，并最终获得克服困难完成任务的成就感与满足感。而这种成就感却恰好是核心员工孜孜以求的东西，核心员工喜欢找寻挑战，迎接挑战，他们不能忍受千篇一律的重复劳作，不能接受自己工作能力的原地踏步走，他们要为抵达更高的山峰而挥汗攀岩。他们在攀岩的过程中，享受着那难以名状的艰辛与愉悦，他们乐在其中。所以危机激励法会受到核心员工的欢迎，也能够激发其最大潜力，会给企业带来不可估量的回报。企业可以强化对核心员工的危机激励。我们来看一个危机激励的案例。

史代纳（Jon Stegner）是美国一家企业的主管，他发现公司的采购程序有问题，造成无谓的浪费，他认为只要做适当的变革，未来 5 年就可以大幅下降采购成本。只是组织内大部分人都安于现状没有危机意识，缺乏改革的意愿。

史代纳为了能突显采购浪费的问题，特别请了一位大学生，针对各个工厂所使用的手套的采购程序及内容做调查。很快，大学生就统计出，在各厂区总共购买了 424 种不同的手套！而且每个工厂都有自己的供货商及采购价格。资料显示，同样的手套在不同的厂区其采购价格明显不同，有的采购价格是 5 美元，有的却高达 17 美元，加上使用量庞大，其所造成的浪费就很巨大了。为将此信息传达给相关的主管，史代纳请大学生收集这 424 种手套，并且标示采买的工厂及单价，再将这些手套集中放置在董事会的桌子上。接着他邀请各事业部的主管前来开会研讨，当主管们进入会议室面对这些手套时，起初并没有特别的感受，但仔细看了上面的标价后，很惊讶地问道："这些都是我们所买的手套吗？""这些价格是正确的吗？"接下来的动作，当然就是寻找自己所辖的工厂采购的手套及其采买的价格，整个会议室一直充满着惊讶声。展示的效果在公司造成很大的冲击，内部一直流传着这则手套的故事。

史代纳顺势操作，让这些手套巡回到各个厂区去展示，让更多的员工能实际看到，并且感受到事情的严重性。很快，"成本浪费"的印象已深深地印记在员工的脑海中。史代纳接着再请大学生去查访竞争对手的改善措施，将资料整理后送到各厂区做展示，刺激组织以对手为镜的学习动力。连续的两项行动，让公司上下皆感受到产业的竞争环境充满着危机，组织必须进行变革才能提升绩效。

领导者要激发组织进行变革，就需善用机会传达危机意识，正如史代纳运用采购价差来突显问题的严重性，升高组织中的危机感。当成员意识到危机的存在，这股意识才会汇集成团队的共识，组织中会酝酿一股"我们一定要改变"的力量，催促组织进行变革。史代纳有效激发成员了解到组织存在的危机，知道不变革组织将无法竞争，进而全体动员激活变革，为公司节省了大笔的费用。企业经常会习惯于既定的行为及作业方式，会沉醉于过往的成功经验，"我们以前都是这样做的！""我们目前过得很好啊！"就如同系在马戏团内大象的脚上那条铁链般，阻碍了企业的进步也限制了企业的发展。领导者要改变这种情形，就是要让企业感受到变革的必要性，就如同放一把火让大象亲眼看到火焰、亲自闻到浓烟，感受到危机，它才会立刻忘掉制约，挣脱铁链的限制。"要让员工认同改革的必要，唯有使其意识到危机，才能引发改革的动力"。存有危机意识的团队才能有效顺应环境的变化。

8. 榜样激励法

榜样的力量是无穷的。榜样激励法就是通过将优秀员工树立成榜样的做法，给其他员工施加影响，引导他们竞相模仿，形成人人争先的场面，最后形成一股奋发向上的良好工作风气。如果说薪酬制度是通过可以量化的物质激励，来促进企业员工之间的竞争局面的话，那么榜样激励法则是更为生动地从精神层面树立典型形象，以形成健康向上的良好氛围。榜样激励可以带给全体员工从善如流的力量，即使最后不可能所有员工都变成了榜样的形象，但员工都做出了自己的最大努力，取得了显著进步，那么整个企业绩效也会随之提高。这就是榜样激励法所起到的激励作用。

对于核心员工来说，既应该是榜样激励的客体，也应该是榜样激励的主体。作为客体，其他核心员工或一般员工的榜样形象会给之以激励，激发核心员工更多的积极主动性。同时，更多时候，核心员工往往被树立成榜样形象，成为榜样激励的主体，这时对核心员工来说是一种荣誉激励法，即在全体员工面前肯定其业绩，倡导大家向其看齐。不管是榜样激励的主体还是客体，都能给核心员工带来激励作用。

核心员工作为企业的优秀员工，在不断受到企业肯定与推崇的同时，也需要更为优秀的对象指引其更上一层楼，榜样激励法能够带给核心员工这样一种直观的努力方向，使其工作业绩能芝麻开花步步高。

9. 领导行为激励法

领导行为激励法实际上就是领导以身作则来带动员工或感染员工的激励方法。领导是企业制度的制订者与执行者，员工会盯住看他们的表现，看他们是以身作则还是执法犯法，所谓上梁不正下梁歪，很难想象一个素质低下的领导能够带领一支高水平的员工队伍。领导的水平高低从一定意义上决定着其所带领的员工队伍的战斗力。好的领导的一举一动都会感染着他的员工，影响着他的员工，使员工心甘情愿、死心塌地地为其卖命。水平糟糕的领导难以服众，会引发企业与员工的信任危机，更难以带动员工的工作积极性，提高企业绩效。

我们无法强求太多的优秀企业家，但我们呼唤优秀的领导行为。因为优秀的领导行为可以让员工如沐春风，愉快地工作，积极地提高个人绩效与企业绩效。这一点在核心员工身上尤为明显，核心员工与领导打交道的机会较多，核心员工这匹千里马很在意伯乐的水平高低，而不希望有所托非人之感，领导的个人魅力将是拴住核心员工这匹千里马的重要砝码之一。

因而，领导在核心员工面前要注意自己的行为，即使不能树立榜样，也不能引起核心员工的反感，当然，最佳境界就是核心员工为领导的人格魅力所折服，其必然能产生巨大的激励力量，使千里马跑得更快更远。

10. 成就激励法

成就激励法是一种最终极的事业型激励法，它属于一种内激励的方法。内激励是一种发自员工内心的激励，它来源于工作本身的刺激，如工作的挑战性，工作乐趣，工作带来的成就感与满足感等。与外激励这种完全来自工作之外的激励不同，内激励的激励作用更根本，持续时间也更为持久。成就激励法尤其适用于麦克里兰成就需要理论中的成就主导型员工。具有成就需要的人有强烈的事业心与进取心，设定有挑战性的目标，并以目标为中心而工作。他们希望得到明确的工作评价，寻求绩效反馈，喜欢并善于冒险，愿意承担工作责任，他们看重工作带来的成就感远远超过薪酬。

11. 知识激励法

知识就是力量。企业有不断发展的需要，人也有不断提高素质与不断进步的需要。而在知识经济的今天，知识的丰富、技能的强化等就能满足企业发展与人自身发展的需要。于是知识激励法受到普遍的欢迎，有一个共识就是，培训是最好的激励。当今社会竞争激烈，知识的更新换代迅速，逆水行舟不进则退，你现有的知识储备可能很快就被淘汰，所以终身教育的观念已经深入人心。

企业给员工加薪等物质激励，远不如赠予员工培训机会更具吸引力。因为发展是硬道理，只有自身素质不断提高，才能使自己的市场价值得以保持与提高，才能使自己在人才市场上保持竞争力，立于不败之地。企业给员工提供充电与加油的机会，还传达了一个信息，就是企业要重点培养这个员工，以后会将其分配到更为重要的工作岗位上去，这份重视与重用无疑对员工是一种很好的激励。

对于核心员工来说，知识激励法同样受用。虽然核心员工已经具备较高的综合素质，但他们也有进一步学习，进一步提升自我的需要，尤其是这种充电又是与自己的职业发展与迎接更多的挑战紧密相连。对核心员工的知识激励与一般员工不同的是，其层次更高，激励成本也更大，对他们的培训课程都是最高级的课程，涉及企业战略，企业文化，国际化趋势等，而且由企业家亲自授课，这些都会带来良好的激励效果。

12. 职务激励法

职务激励法就是用工作任务本身或工作职务的晋升来对员工进行激励，目的是激发起工作责任感，使员工为担当起这份职责而产生一种崇高的精神，进而激发起工作积极性与主动性，不断在自己负责的岗位上取得进步，提高个人绩效与企业绩效。职务激励法能够起到激励作用是因为得到晋升的员工被授予了更大的权力，而权力会使人产生责任感并增强自尊，而责任感与自尊都会激发员工的主观能动性，使员工自觉自愿地为提高工作业绩而努力。

职务激励法的激励作用还体现在得到晋升的员工获得了更高的头衔，社会地位上升，身价倍增，员工要想保持住这个头衔或者更上一层楼，都必须在自己的工作岗位上付出更多的努力。由此看来，职务激励法满足的是员工的尊重需要这种高级需要，因而激励效果应该显著而且持续时间长久。核心员工一般担任企业的重要职务，应该为其保持一定的晋升空间，因为多一次晋升就会对核心员工多一次激励的力量，核心员工就会为企业更多地创造价值。

核心员工的尊重需要是占支配地位的需要，其迫切需要得到满足，核心员工内心有一股向上的力量，他们很在意有没有个人发展空间。如果在你的企业看不到晋升的希望与更大的发展空间，核心员工就会选择离开，另谋高就了。因而你对核心员工的职务激励不能松懈。

微软公司的员工晋升策略很具有借鉴意义。大多数不断发展的公司都会遇到一个典型的问题：怎样把人才留在技术岗位上，以便充分利用他积累的专业知识和公司已付出的投资。同样，在微软不断发展壮大、不断聘用新雇员并将之培育成优秀的技术人员之后，也遇到了同样的问题。解决这一问题，微软公司的一个独到之处就是把技术过硬的技术人员推上管理者的岗位。

盖茨与公司其他的早期领导一直都很注意提升技术过硬的员工担任经理职务，这一政策的结果也使微软获得了比其他众多软件公司别具一格的优越性——微软的管理者既是本行业技术的佼佼者，他们时刻把握本产业技术脉搏，同时又能把技术和如何用技术为公司获取最大利润相结合，形成一支既懂技术又善经营的管理阶层。例如集团总裁内森·梅尔沃德（36岁）是普林斯顿大学物理学博士，师从诺贝尔物理学奖获得者斯蒂芬·霍金。他负责公司网络、多媒体技术、无线电通讯以及联机服务等。但是这一方法对于那些只想待在本专业并且只想升到本专业最高位置而又不必担负管理责任的开发员、测试员和程序员来说是没有多大吸引力的，这样，职业管理的问题就产生了。

微软解决这一问题的主要办法就是在技术部门建立正规的技术升迁途径。建立技术升迁途径的办法对于留住熟练技术人员，承认他们并给予他们相当一般管理者可以得到的报酬是很重要的。在职能部门里典型的晋职途径是从新雇员变成指导教师、组长，再成为整个产品单位里某个功能领域的经理（比如 Excel 的程序经理、开发经理或测试经理）。在这些经理之上就是产品单位的高级职位，这包括职能领域的主管或者产品单位中的某些职位，他们负责 Excel 和 Word 等产品组并且构造用于 Office 应用软件的共同特性。

同时，微软既想让人们在部门升迁以产生激励作用，还想在不同的职能部门之间建立起某种可比性。微软设定了不同的级别（按照不同职能部门，起始点是大学毕业生的 9 级或 10 级，一直到 13 级、14 级、15 级）。这些级别既反映了人们在公司的表现和基本技能，也反映了经验阅历。升迁要经过高级管理层的审批，并与报酬直接挂钩。

这种制度能帮助经理们招收开发人员并"建立与之相匹配的工资方案"。级别对微软雇员最直接的影响是他们的报酬。通常，微软的政策是低工资，包括行政人员在内，但以奖金和个人股权形式给予较高的激励性收入补偿。

刚从大学毕业的新雇员（10 级）工资为 3.5 万美元左右，拥有硕士学位的新雇员工资约为 4.5 万美元左右，对于资深或非常出众的开发员或研究员，公司将给予两倍于这个数目或更多的工资，这还不包括奖金。测试员的工资要少一些，刚开始为 3 万美元，但对于高级人员，其工资则达 8 万美元左右。由于拥有股票，微软的 17 800 名雇员中大约有 3000 人是百万富翁，这个比例是相似规模公司中最高的。

在微软这一技术晋级制度中，确定开发人员的级别（指 SDE，即软件开发工程师的级别）是最为重要的，这不仅是因为在微软以至整个行业中留住优秀的开发人员是决定一个公司生存的关键，还因为确定开发员的级别能为其他专业提供晋级准则和相应的报酬标准。在开发部门，开发经理每年对全体人员进行一次考查并确定其级别。同时，对开发主管也进行考查以确保全公司升迁的标准统一。

13. 奖罚激励法

这是一种将正激励与负激励相结合的激励方法。有奖有罚，从正反两面对员工进行激励。"小功不奖则大功不立，小过不戒则大过必生"，如果只奖不罚，则易使员工滋生骄傲自满情绪，导致犯错甚至更严重的后果。如果只罚不奖，则不易激发员工的积极性与创造力，甚至引起员工的逆反及抵触情绪。实践证明，正激励比负激励的作用更大，鼓励与批评相比更能帮助一个人进步。因而企业的激励策略一定要以正激励为主，负激励为辅。即多从正面实施激励措施褒奖先进，鞭策与带动后进。

奖罚激励法一定要以奖为主，以罚为辅，而不能本末倒置。虽然惩罚措施能够带来企业想要的杀一儆百的效应，但奖励先进，树立正面典型的行为更能鼓舞士气，激励效果更好。而且奖励制度可以丰富多彩，富有创意。

早在 20 世纪 50 年代，日本丰田公司实施了一项被称为"动脑筋创新"的建议制度。该公司首先设立动脑筋创新委员会，制定了建议规章、奖励办法等。然后，在各车间设置建议箱，成立"动脑筋创新"小组，组长对提建议的员工进行有计划的帮助，使员工可以自由、轻松、愉快地提出建议；在各部门则分别设立建议委员会，把鼓励提建议的方针贯彻到公司的各个角落。

为鼓励员工积极提建议，丰田公司将提建议制度与奖励制度紧密相连，其审核标准分为有形效果、无形效果、利用程度、独创性、构想性、努力程度、职务减分等 7 个项目，每个项目以 5~20 分的评分等级来评定分数，满分为 100 分。相应的奖金最高为 20 万日元，最低为 500 日元，对于特别优秀的建议，则给予特别的奖励。"动脑筋创新"建议制度在丰田公司实施仅一年，就征集了 183 条建议。20 世纪 70 年代以后，每年收集到的建议达 5 万余条，大大调动了员工的工作热情，为丰田的发展提供了源源不断的动力。

同样，美国通用电气公司也于 20 世纪 90 年代初展开了名为"开动大家脑筋"的活动。他们把 100 名由各部门推选出来的代表分为若干小组，每位代表在小组里提出本部门的意见和要求，并发表自己的看法，公司高层经理则当场听取汇报。

根据公司规定，听取汇报的高层经理对代表提出的要求只能回答"Yes"或"No"，而不得用"研究研究"、"以后再说"之类的话推诿或搪塞。结果，许多平时难以解决的问题都在会上顺利解决或得到满意的答复。通用电气的"开动大家脑筋"活动给企业带来了明显的效益。时任公司总裁的约翰甚至认为，这是一条摸清企业发展脉搏、培养未来人才最基本的好路子。

对核心员工所犯的错误应尽量采取宽容的态度，给予其改正的空间。如果必须要罚，程度也不能过深，且要注意方式方法，不适于在全企业进行通告等公开方式。这么做是为了给核心员工保足面子，因为核心员工一般具有强烈的自尊心，其尊重的需求是占支配地位的主导需求。如果你的惩罚措施伤害到核心员工的自尊心，就容易引发严重后果。如核心员工感到面子受损，很有可能拂袖而去，投入到你的竞争对手的怀抱，这必将给你的企业带来严重损失。

14. 考评激励法

这是一种操作性很强的待遇型激励方法，主要是指员工绩效评估的激励功能。员工的绩效评估就是企业检验员工工作任务的完成情况，对员工的工作业绩、职业技能以及各种潜在素质进行一定数量与质量的评价，将此评价与对员工的薪酬激励挂钩，实现对员工激励的目的。

考评激励法是你对员工进行加薪、晋升、培训以及职业生涯规划等一系列激励措施的基础，是硬性指标，同时考评激励法本身将各个员工按照工作业绩等划分为不同的档次，也是对员工一种很有效的激励，可以引起企业员工之间的竞争风气，业绩差的员工向业绩好的员工看齐，相互攀比，能够实现先进带动后进，最后实现共同进步，共同提高个人绩效与企业绩效。

考评激励法是一种好的激励方法还在于绩效评估就是沟通，沟通贯穿于整个绩效评估的始终。而沟通所带来的激励效果更是不言而喻的，企业可以借此进行情绪激励、情感激励等一系列其他的激励方式，与绩效评估相互融合，共同完成对员工实施激励的使命。考评激励对核心员工也是十分有效的，因为核心员工是业绩导向者，他们看重绩效评估结果，以此检验自己的工作成效。科学而公平的绩效评估能够较为客观地反映出核心员工的工作业绩，使核心员工做到心中有数，激发更大的工作积极性，不断提高个人绩效，同时也为企业作出更大的贡献。

我们来看看 IBM 公司的考评激励。IBM 在奖励优秀员工时，是在履行自己所称的高绩效文化。1996 年初 IBM 推出个人业绩评估计划（PBC）。具体来说，PBC 从 3 个方面来考察员工工作的情况。

第一是 Win，制胜，胜利是第一位的，首先你必须完成你在 PBC 里面制订的计划，无论过程多艰辛，到达目的地最重要。企业在实现目标时无法玩概念，必须见结果，股市会非常客观地反映企业的经营情况，董事会对总裁也不会心太软。

第二是 Executive，执行。执行是一个过程量，它反映了员工的素质，执行能力需要无止境的修炼。PBC 不光是决定你的工资，还影响到你的晋升，当然同时也影响了你的收入。所以执行是非常重要的一个过程监控量。

最后是 Team，团队精神。在 IBM 埋头做事不行，必须合作。在 IBM 采访时有一个强烈的感觉：IBM 是非常成熟的矩阵结构管理模式，一件事会牵涉到很多部门，有时候会从全球的同事那里获得帮助，所以 Team 意识应该成为第一意识，工作中随时准备与人合作一把。

一言以概之：必须确实了解自己部门的运作目标，掌握工作重点，发挥最佳团队精神，并彻底执行。不必员工提醒，老板自会给你涨工资，考虑给员工涨工资是直属经理工作的一部分。但是如果员工自我感觉非常良好，但年初却并没有在工资卡上看到自己应该得到的奖励，会有不止一条途径给你提出个人看法，包括直接到人力资源部去查自己的奖励情况。

IBM 的文化中特别强调 TwoWay Communication——双向沟通，不存在单向的命令。IBM 至少有 4 条制度化的通道给你提供申述的机会。

第一条通道是与高层管理人员面谈（Executive Interview）。员工可以借助"与高层管理人员面谈"制度，与高层经理进行正式的谈话。这个高层经理的职位通常会比你的直属经理的职位高，也可能是你的经理的经理或是不同部门管理人员。员工可以选择任何个人感兴趣的事情来讨论。这种面谈是保密的，由员工自由选择。面谈的内容可以包括个人对问题的倾向性意见，自己所关心的问题，你反映的这些情况公司将会交给直接有关的部门处理。所面谈的问题将会分类集中处理，不暴露面谈者身份。

第二条通道是员工意见调查（EmployeeOpinion Survey）。这条路径不是直接面对你的收入问题，而且这条通道会定期开通。IBM 通过对员工进行征询，可以了解员工对公司管理阶层、福利待遇、工资待遇等方面有价值的意见，使之协助公司营造一个更加完美的工作环境。很少看到 IBM 经理态度恶劣的情况，恐怕跟这条通道关系密切。

第三条通道是直言不讳（Speakup）。在 IBM，一个普通员工的意见完全有可能会送到总裁郭士纳的信箱里。"Speakup"就是一条直通通道，可以使员工在毫不牵涉其直属经理的情况下获得高层领导对你关心的问题的答复。没有经过员工同意，"Speakup"的员工的身份只有一个人知道，那就是负责整个"Speakup"的协调员知道，所以你不必担心畅所欲言的风险。

第四条通道是申诉（Opendoor），IBM 称其为"门户开放"政策。这是一个非常悠久的 IBM 民主制度，IBM 总裁郭士纳刚上台就一改 IBM 老臣的作风，他经常反向执行 Opendoor，直接跑到下属的办公室问某件事干得怎么样了。

15. 福利激励法

福利不仅具有保障功能，提高员工的生活质量，更重要的是它的激励功能，因而福利不应该仅仅作为对员工的一种好处，而是要成为一种有效的人力资源管理手段。核心员工是企业的竞争优势所在，为他们设计专门的福利计划能够提高企业在劳动力市场上的竞争力。因此，企业要通过核心员工的福利计划来吸纳和留住这些人才，并激励他们更加积极主动地工作，取得高工作绩效。

为核心员工设计专门的福利计划是福利与绩效挂钩的新趋势，以往员工福利是所有的正式员工都可以获得的，与工作绩效无关，然而高绩效的员工可以获得额外的福利无疑增加了吸引和留住他们的筹码，并能够激励他们更加努力地取得更高的绩效。货币报酬具有较大的激励性，但是对于核心员工来说，由于他们已经拥有了较高的薪酬，而金钱的边际效用是递减的，因而此时福利的激励作用就更明显了。福利的激励作用具有长效性，可以增加核心员工对企业的情感投入和对组织的承诺和忠诚。

核心员工福利计划设计的要点就在于要了解他们有什么样的需求。比如，员工希望通过不断学习来提高自己，企业就应该为他们提供适当的学习和培训机会，在完善自身的同时也为企业带来更高的绩效，这样的双赢不亦乐乎；员工都很重视自己在企业的发展空间，希望了解自己在企业能获得怎样的成长和发展，企业就应该将员工的职业生涯设计和规划作为一项重要福利，让员工获得更好的职业生涯发展，实现事业上的梦想；员工越来越重视工作环境的质量，这也是影响他们工作满意度的一个重要因素，企业就应该为他们提供良好的工作环境，不仅有利于他们的身心将康，还能促进他们更加高效地工作。对于一些员工的独特需求，企业也应该尽量以福利的形式予以满足。

例如，最近几年的房价非常高，对于购房和还贷款压力很大的年轻人，企业可以提供住房福利计划，帮助其购房，解决其迫切的实际需要。对于家里有学龄小孩的员工，企业可以为其提供教育福利计划，报销子女的教育费，有的企业甚至创建自己的幼儿园、小学、中学，减少员工的后顾之忧，让其能安心投入工作中来。

近年来普遍出现的过劳死和猝死等现象应该让企业提高警惕，为员工提供譬如带薪休假、出国旅游、健身房运动等福利计划，放松其身心，增强其体质，良好的身心状况才能提高工作的效率。

除了生理健康以外，心理健康也应该得到越来越多的重视，核心员工工作压力大、工作强度大，很容易出现心理疾病如抑郁症等，因而企业需要为其提供心理服务方面的福利，让其拥有健康的心理，这恐怕是当务之急；工作和生活的平衡也是核心员工越来越追求的目标，企业需要根据不同员工的个性和生活习惯为其提供多种多样的福利，比如为时尚爱美的女性提供美容、高级时装等方面的消费卡。

另外，对于已婚的员工，企业还可以为其配偶和小孩提供专门的福利计划，比如夫妻不在一个城市工作的，企业可以为其提供定期的家庭聚会，甚至可以在一些特殊的时期如结婚纪念日等为其安排一次偶然的相聚，这样一来增进了家庭成员间的感情，稳定和温馨的家庭能给员工带来巨大的工作动力和支持。人非草木，孰能无情？相信这样的福利一定会给员工带来感动！

福利项目可以给员工带来的激励效用很大，为员工设计出贴心的福利项目能打造核心员工的一颗忠心。企业的人力资源部门要善于洞察员工的心理需求，设计出能够恰到好处地击中员工心理要害的福利项目，从而激发他们对企业的深厚感情。

用好福利能够帮助企业实现人力资源战略目标，进而实现企业总体战略目标。企业的管理者们应该花心思来设计核心员工的福利，你将会发现福利设计非常有趣，更重要的是它能够取得事半功倍的超级效果！

五、避免无效激励

在实践中，并不是所有的激励方法一定有激励效果，激励方法使用不得当，激励机制没有把握好，就有可能出现激励失效甚至发生无效激励的情况。无效激励不仅是对激励成本的浪费，更会对受激励的员工产生许多副作用。员工没有受到很好的激励，没有被激发起更大的工作积极性，士气没有受到鼓舞，反而会容易引起员工的不满情绪，招致员工对企业管理制度的指责，更为严重的后果就是激励的无效会留不住人才，员工会选择辞职，引起企业人才的大量流失。那么，哪些激励属于无效的激励呢？企业又应该采取哪些措施来避免无效激励的出现呢？这些问题的成功解决有助于你的激励策略真正做到行之有效，发挥其应有的激励作用，从而使你更好地使用人才，留住人才。

1. 激励方式上"一刀切"，给员工吃了其不想吃的"药"

确定激励方法的前提是要了解员工的不同需求，"对症下药"。因为企业员工的年龄、性别、学历、经验、性格特点以及价值取向等各不相同，这些决定了他们的需求也会相互区别，各有特色。

如年轻的员工看重薪酬、工作的创造性以及晋升机会等，中年员工比较重视工作与家庭生活的平衡以及工作中的个人发展空间等，而老年员工则注重工作的稳定性以及福利的状况等。女性员工一般重视薪酬以及工作与生活的平衡，而男性员工看重企业的前景与自身的发展，愿意承担富于挑战性的工作。学历低、经验少的员工在意薪酬与福利待遇，学历高、经验丰富的员工注重工作带来的成就感以及个人发展空间。而如果在激励前没有将员工的这些需求搞清楚，就以企业自认为合适的激励方式，给所有员工实施一种激励方案，这容易引起员工的不良反应。因为一个人的美餐很有可能是另一个人的毒药，对所有员工的激励搞"一刀切"，虽然给企业节约了激励成本，给实施激励策略降低了很多难度，但其结果就是没有对所有员工都具有激励作用，企业的激励工作是白忙活一场。为了避免这种情况的发生，就要使你的激励策略富有个性化，在客观分析了员工的不同特点与不同需求的基础上，具体问题具体分析，员工缺什么补什么，对症下药，设计出个性化激励方案。

我们来看一个案例。某国营机械公司新上任的人力资源部部长王先生，在一次研讨会上获得了一些他自认为不错的其他企业的培训经验，于是，回来后就兴致勃勃地向公司提交了一份全员培训计划书，以提升人力资源部的新面貌。

不久，该计划书就获批准。王先生便踌躇满志地对公司全体人员——上至总经理、下至一线生产员工，进行了为期一周的脱产计算机培训。为此，公司还专门下拨了十几万元的培训费。可一周的培训过后，大家议论最多的，便是对培训效果的不满。除了办公室的几名员工和45岁以上的几名中层干部觉得有所收获外，其他员工要么觉得收效甚微，要么觉得学而无用，大多数人竟达成共识：十几万元的培训费用只买来了一时的"轰动效应"。有的员工甚至认为，这场培训，是新官上任点的一把火，是在花单位的钱往自己脸上贴金！而听到种种议论的王先生则感到委屈：在一个有着传统意识的老国企，给员工灌输一些新知识怎么效果不理想呢？他百思不得其解：当今竞争环境下，每人学点计算机知识应该是很有用的呀！怎么不受欢迎呢？

员工培训是企业提升员工素质与技能、进而实现企业发展的重要手段，企业通过员工培训，不仅可以拓展员工职业发展空间，而且还可以激励和稳定优秀员工。然而，在实施培训时，企业如果不重视培训自身的一些规律和原则，就不可能达到预期的培训效果。案例中出现的培训问题就与忽视这些规律和原则有关。

案例中出现的问题就是培训与需求严重脱节。在一些培训收效不佳的企业里，往往高层认为："钱没少花、精力没少投入，是中间管理层没做好"；中层管理人员则说："不明白现在的员工到底想要什么"；而一线工人埋怨："上面思路不明，瞎给我们吃药"。结果，用心良苦的培训换来所有人的不满。

王先生不是以员工是否需要为出发点，而是以急于想让老总看到人力资源部新气象为目的，对素质参差不齐、岗位不一、培训需求各异的员工，开了同一个"药方"，让大家同喝"一罐药"。还有就是员工层次含混不清。根据岗位特色、员工层次选择合适的受训人员和培训内容，这是企业培训成功的必要条件。

王先生只看到上至总经理下至一线员工都需要掌握计算机操作，却忽视了员工层次。对使用很少甚至不用计算机的员工来说，更重要的是掌握现有岗位操作技能。因此，对全厂员工的统一培训，应该以灌输企业文化、企业管理制度，提高员工素质等范畴为主。那么，有什么对策吗？这就是培训需求分析。

培训需求分析是培训活动的首要环节，既是明确培训目标、设计培训方案的前提，也是进行培训评估的基础，企业可通过数据调研、问卷调查、面对面访谈、员工申请等形式开展。例如，我们为什么要培训？培训与企业效益、员工职业发展关联度有多大？我们要开展什么样的培训？是专业知识的培训，还是技能和素质的培训？新员工需要什么样的培训、老员工需要什么样的培训？对培训的组织实施有无特别要求？从培训方式、培训时间、培训地点、培训教材、培训讲师等方面了解员工对培训的好恶。只有按照员工的不同培训需求设计不同的培训方案，才能起到最佳的培训效果与激励作用。

2. 激励偏重于物质激励，忽视精神激励

企业在对员工进行激励时，极易犯的一个通病就是过分依赖物质激励，而忽视精神激励的作用，且激励的形式单一，缺乏创

新。长此以往，会造成企业所运用的激励方法失灵，在员工身上起不到激励作用。

企业只顾着委屈，却忘记了薪酬激励事实上只是保健因素，而真正起激励作用的是激励因素，而这些激励因素大部分是和精神激励有关的。精神激励的作用是巨大的，精神对物质的反作用能够在此体现出来。如果精神激励的效果好，即使你给的薪水低，你的员工也不忍弃你而去，会心甘情愿地为你卖命。

如果企业的激励形式单一，就会使员工对这种方法产生免疫，失去应起的激励作用，而如果企业愿意开动脑筋，采取灵活多样的形式，就会起到意想不到的效果。某公司就采用了一种灵活的给员工植入发动机的激励方式，很值得我们反思与借鉴。

某大型公司首先选定了董事会秘书、总裁助理、总经理助理、总经理秘书及企业策划人员等进行了激励措施的实施。激励措施确定了以下实施原则：减少控制，但管理责任不变；增加个人对本职工作的责任；给员工一个完整的工作任务（项目）；对员工自己的工作活动授予更大自由度；引进难度更大的新任务；给员工创造专业化的工作与个人发展途径。

从表面看，这些精挑细选、训练有素的白领们所完成的工作必然是非常复杂和具有挑战性的，但实际上这些人的工作都是职场中屡见不鲜的文秘、沟通联络、方案撰写等内容，而且他们的工作态度和业绩平平。于是，公司采取了以下措施：改变以往主管对员工各类文件大包大揽、吹毛求疵式的校改与审核，主管只进行框架式的审核，员工具有一定自主权并对文件负责。对经验丰富、能力较强的员工，主管只对其少数极重要文件进行审阅，其他一律直接呈送。改变以往向主管请示所有疑难甚至并非疑难的一系列问题的工作方式，员工在向主管请示之前，需就有关问题咨询一些专家或同事，并独立形成完整思路，主管只进行必要的思路调整与工作指导。改变以往所有文件均由主管签字的工作方式，部分文件由员工个人签发。改变以往主管像碎嘴婆婆一样的叮嘱、催促，员工对自己每天、每一项工作的进程拥有一定自主权，而主管只说诸如："希望完成一整天的工作"的话，而随着时间的推移，很多时候这样的一点提示都不需要了。改变以往主管承担各种文件质量与准确性责任的做法，每个员工对自身的工作成果负责。改变以往文件、方案撰写中"八股文"式的固定与僵化模式，除少数必要的格式外，鼓励员工以个性化方式撰写。

以上措施看似平常，然而，它却在"润物细无声"中带给员工全新的心理体验，让他们充分感受到了尊重、信任、责任、个性张扬和更多工作中的乐趣与价值。在这些激励措施中还体现了分权管理、组织扁平化、管理职能创新等很多激励员工的有益尝试。

实施了这些激励举措后，刚开始由于人们普遍存在的抗变心理和对未来工作不确定性的担心，员工的工作态度和业绩反而下降。但经过一段时间的工作，工作态度与业绩有了明显改善，而且业绩持续提升，各类文件质量有了巨大的飞跃，准确性与及时性不断提高，他们在言行中对工作的喜爱程度也在明显提升，员工得到了有效而持续的激励。这些管理方式与激励举措，经过系统化改进后，在整个企业全面实施并取得了成功。

在实施过程中，不仅激励员工的效果良好，而且对各级主管的激励效果也很明显，他们突然发现以往他们所忽视的、本来属于他们的监督和管理职能变得尤为重要。现在，他们可以专注于考核与评价员工工作业绩等一系列管理职能，并通过培训来帮助员工更好地完成任务，而原来他们只能被下属的工作牵着鼻子走，疲于应付。

3. 激励过程中沟通不顺畅

其实激励就是沟通，沟通应该贯穿于激励过程的始终。如激励的第一个步骤绩效评估就要将沟通贯穿始终，在制订目标时，要听取员工的意见，给予其参与决策的机会。在执行任务的过程中，要保持上下级沟通渠道的通畅，使企业能及时对员工纠正偏差与指导改进。

在评价与反馈阶段要通过沟通了解员工的要求，以设计适合其需要的加薪晋升以及一系列激励方案。可见，沟通无处不在，沟通渠道在任何环节的阻塞都有可能影响激励策略的实施效果，因而企业要保证沟通在绩效评估过程中的通畅。激励策略的第二个步骤了解员工的需求更是要通过沟通来实现，从而找出员工的主导需求，制订满足这一需求的方案。沟通不顺畅，不仅会给员工吃了不想吃的药，甚至会妨碍企业其他制度与措施的执行，不但起不到激励效果，还会打击员工士气，制约企业的绩效提高与持续发展。下面这个案例就给我们以启示。

一汽集团在推进丰田的精益生产方式（TPS，Toyota Production System）时，遇到了员工的消极抵抗。为什么一个非常好的制度，员工不接受呢？研究发现，6次以上的沟通才会产生效果。要让员工接受新鲜事物，就得和他们进行长期、反复的沟通。

据透露，丰田的精益生产方式在中国水土不服，因此丰田高层造访在中国的企业，希望求得解答。后来，一汽集团在生产部大规模实行《推进TPS工作方案》。这种方式试图杜绝浪费任何一点材料、人力、时间、空间、能量和运输等资源。

TPS使得丰田的生产成本压到了最低。一汽给出的实例是：以库存管理为例，一汽丰田平均库存为1.5天，而解放的平均库存为1.5个月，是一汽丰田的30倍，仅此一项解放的财务成本一年就要多花1.8亿。不能不承认，这是一种非常先进的生产方式。但是，这种生产方式却在中国遇到阻力。一部分工人表面上没什么反应，事实上都在消极抵抗TPS，甚至发生过汽车零配件丢失的事情。

类似的问题在中国企业中是有普遍性的，大至公司战略的实施，小到公司政策、规定或者项目的推进，在过程中遇阻是常见的事儿。曾经有老总很迷惑地问，为什么那么好的制度，大家就是不接受呢？

大家不接受的原因很多，其中最突出的一项就是员工的利益受到损害。一汽执行 TPS 的一个直接结果是，生产时最大限度地利用人力，原来 10 个人干的活现在 6 个人就能干，这样，事实上也就造成了一批工人下岗。这也是丰田 TPS 在中国水土不服说法的起源。

另外，和其他合资汽车工厂的工人相比，工人们认为自己"干得多，挣得少"。其实这个困难并不难解决，一项优秀的管理制度或者措施，可能会损害部分员工的利益，但是是保证大多数员工的利益的（否则它就谈不上优秀）。这时候，企业要做的不是强行推广，而是首先要争取大部分员工的支持。

著名咨询公司华信惠悦的全球 CEO 约翰·海勒在必须要卖掉亏损的业务时，遇到了老员工的反对，甚至可能面临大客户的起诉。他用了几个月的时候反复地和员工、客户做沟通，告诉他们为什么要这么做，这样做对大家的好处在哪里，同时征求大家的意见，妥善安置受影响的员工。他相信没有员工不希望企业赢利，只要做好了说服工作，大家都会跟他站在一起。事实证明他是对的，他的新举措获得了内部股份持有者 97% 的支持率。

需要注意的是，这个过程会很长，一项研究发现，沟通要进行 6 次以上才会产生效果。所以，对管理层来说，要让员工接受新的事物，沟通的反复与持续必不可少。如果一汽在实施 TPS 之前能够重视员工的利益，与员工做充分的沟通，在公司要求与员工需求上达成一致意见，并且提供更现代化的生产设备，让员工有条件来达到更高的效率，而不只是用加强工人劳动强度的办法来解决问题，TPS 也不至于如此步履维艰。

5

第五章

培养忠诚的员工

> 每一位离开公司的雇员都会继续代表你的公司。他们可以继续说你的坏话，也可以赞扬你。
>
> ——杰克·韦尔奇 通用电气公司前任CEO

　　基于人才在现代企业中的顶级地位，许多名企建立了"以人为本"的企业文化，"员工是企业的上帝"，让员工成为企业的主人。企业越来越意识到只有培养员工的忠诚度，才能从根本上留住员工。忠诚是一个有着悠久历史的人文概念，传统的忠诚概念指对国家、民族、他人的尽心尽力，对企业来说，企业把员工一辈子的事包下来，而员工为企业的发展贡献自己的一生。

　　经营企业就是经营人，相信这种说法已经得到了多数老板的认同。老板的工作就是如何选好人、管好人、用好人、留好人。如果这项工作做好了，老板的工作就会越来越轻松。当然，企业也会越做越顺利。

　　为什么企业给了员工那么高的薪水，那么好的职位，那么舒适的办公环境，就留不住员工呢？他们做得好好的，为什么辞职走人呢？这是多数老板难以解答的难题。老板想做大，员工想跳槽。企业总是在这种矛盾中生存和发展。因为没有员工的支持和帮助，老板再大的梦想也无法实现。所以老板为了成就自己伟大的梦想，他就必须设法留住优秀员工，让他们与自己一起创业，共同实现梦想。

　　然而，这只是多数老板的单方面想法。可员工并不一定这样想。现代企业的员工是一群有思想、有抱负、有主见、有个性的员工。他们一定有自己的奋斗目标和发展方向。老板有梦想，可以创业，员工为什么就不能创业？王侯将相，宁有种乎。因为老板并不了解员工的想法和做法，所以他们盲目地要求员工忠诚是不现实的。

　　老板经营企业，与其说是经营产品不如说是经营人。因为企业的问题就是人的问题，所以只要人管好了，企业就做好了。可问题就出现在人身上。因为产品没有情绪化，产品没有虚荣心，产品不会窝里斗，产品不会背叛老板，而人却不一样。人是一群有思想、有情绪、有追求、会享受的高级动物啊！现代企业管理的难度增加了，企业要求员工忠诚，必须讲究策略。

美国哲学家认为，忠诚有一个等级体系，处于底层是对个体的忠诚，然后是对团体，而位于顶端的是对一系列价值观和原则的全身心奉献。在知识经济时代，员工对企业的忠诚内涵已发生了变化。管理专家对忠诚的诠释是通过管理所形成的一种新的秩序，这种新秩序的内涵就是企业和员工之间的关系更富有专业性的色彩，即员工认识到企业所面临的竞争性挑战，他们愿意承担一个迎接这种挑战的重任以换取相应的报酬，但他们不会承诺对企业的忠诚终身不变。

换言之，忠诚是相对的，有条件的。

员工忠诚度指员工对企业忠诚的程度。由于员工忠诚与企业忠诚具有互动关系，因而员工忠诚度来源于企业对员工的忠诚。

影响核心员工忠诚度有各方面的因素，具体地说，第一，管理性因素。这主要指企业的管理制度，管理风格影响着核心员工的忠诚度。如企业的管理风格是专制的还是民主的，是死板的还是人性化等都影响着核心员工的忠诚度。第二，文化价值因素。企业文化直接影响着核心员工的忠诚度。以人才为导向还是以产品为导向，是否尊重员工都对核心员工的忠诚度起着决定作用。第三，心理性因素。核心员工与一般员工的一个区别就是高流动性，这是由其高期望值的心理因素决定的。由于明显的价值优势，使其对企业环境有更高的期望值，因而普遍忠诚度不高。第四，个人性因素。核心员工的忠诚度还与个人性格有关，有人"自我中心"倾向明显，很难培养起忠诚度。第五，环境性因素。这里主要指企业人际关系环境，如果员工之间培养起信任度与忠诚度，那么就更愿意留在团队中不愿离开。

培养核心员工忠诚度有三个方法。第一，强化企业文化建设。这是最为根本的一点，企业只有"以人为本"，尊重人才，才能培养起核心员工忠诚度。第二，建立公平竞争机制。如果核心员工感到企业的晋升机制是不公平的，那么其对企业的忠诚度就低。因而，要建立公平竞争机制，让核心员工相信企业对自己的能力是肯定的，并公平地给予晋升机会。第三，建立公平对待机制。企业对核心员工之间不能区别对待，如果企业对某些核心员工有所偏好，那么，不受重视的核心员工不会对企业建立起忠诚度。

在培养核心员工忠诚度过程中，有两点最为关键：首先，公平、公开、公正。核心员工通常具有比一般员工更强的自尊心和尊重需要。如果企业在人力资源管理方面不够公平公正，而有任何"猫腻"的话，核心员工会感到自尊心受到伤害，就会拂袖而去。只有透明的人际关系才会让核心员工舒心工作，渐渐培养其对企业的忠诚度。其次，适当授权。忠诚度与信任度密切相关，要培养核心员工忠诚度，就要对核心员工充分信任，而信任的表现之一就是授权，未得到充分授权的核心员工会感到缺乏个人发展空间，工作也会缺乏激情，他会寻求更能发挥才能的工作机会，那么对企业的忠诚就无从谈起。有人说过，人们往往在感受到被关心的时候才感到自信，他们希望这种关心能用金钱或无形的方式表达。

只有他们感到你在关心他们，他们就会跟随你，为你苦干。而待遇，薪酬就表达了企业的这么一种"关心"。如果这种薪酬体系是公平的，那么会起到激励员工的作用并以此来培养员工的忠诚度。对于核心员工也是如此，虽然他们对薪酬不像一般员工那么看重，但高薪是对其能力的充分肯定，感到自己受到关心与尊重，核心员工就会培养起对企业的忠诚度。

提拔和忠诚度的关系与待遇和忠诚度的关系道理是相通的，提拔员工使员工感到受重视，会提高对企业的忠诚度。对于核心员工这一点表现得尤为突出，在核心员工的离职理由中缺乏个人成长空间占有很大比例，如果核心员工在企业中能够不断地被重用，不断地受到提拔，那么其忠诚度一定会相应提高而更具奉献精神，因为提拔可以满足核心员工更高层次的需求——自我实现的需要。所以，在培养对企业的忠诚度方面，对于核心员工来说，提拔要比待遇更为有效。

如果培养员工的忠诚度取得成功，其最高境界就是实现员工的自我管理。对企业忠诚并有归属感的员工会心甘情愿地自我奉献与自我管理。

一、全新认识

忠诚是一个古老的词汇，它表达的是对国家、对组织、对家庭以及对个人的一种深厚情感。这种情感是崇敬，是热爱，是依赖，这种感情产生一种磁铁般的力量，将个体与其忠诚的对象紧紧吸附在一起，使个体对其所忠诚的对象不忍背叛、不离不弃。可以看出，这是一股神奇的力量，它不是权威对下属的专制独裁，发号施令，也不是下属对权威的被迫服从，唯唯诺诺，而是个体的一种自觉自愿、情不自禁的情感。这种情感能比威逼利诱产生更大的力量，使个体对忠诚对象竭尽所能，尽心尽力，呕心沥血却毫无怨言。在当今的知识经济时代，企业这个经济组织已将触角深入到社会的各个领域，深刻影响着整个社会的变迁，引导着社会的发展。

忠诚二字也被引入到企业管理之中，指企业员工对企业的忠诚以及企业对员工、客户和其他对象的忠诚。各个企业都把培养员工对企业的忠诚度与归属感当做人力资源管理的目标与最高境界，因为达致这种状态就可以不费更多力气而留住人才，保证企业精英队伍的稳定。

然而，忠诚一定是相对的，你想要别人如何待你，你就要如何待别人。企业要想得到员工的忠诚，首先就要表达对员工的忠诚，以真心换真心。

员工没有对企业忠诚的义务，良禽择木而栖，员工与企业之间只是一纸合同关系。既然是合同关系，其核心就是一种等价的交换，一种互惠互利，企业没有理由也无法做到仅让员工单方面无私付出。因而企业首先要从各方面采取措施，让员工看到企业对员工的忠诚，以期待员工的回应，使员工建立起对企业的忠诚。

企业与员工最终能否培养起这种互动的忠诚，既取决于企业的努力，也取决于员工的个人因素。具体到企业的核心员工，其对企业的忠诚是尤为重要的。作为企业的灵魂人物与精英分子，核心员工对企业忠诚就意味着核心员工会死心塌地的跟随企业，对企业忠心耿耿而不会为你的对手或猎头的诱惑所动摇，这也意味着核心员工会发挥更大的积极主动性，为企业创造更大的价值，提高企业绩效，提高企业的核心竞争力。因而，培养核心员工对企业的忠诚度是所有企业追逐的目标，用这种方法才能真正留住核心员工的人和心。

培养员工忠诚度之所以如此重要，是因为其所起到的无可比拟的巨大作用，能给企业带来一连串的好处与利益。这其中不仅有忠诚的员工给企业带来的看得见摸得着的成本上的好处，更有员工作为活体智力资源给企业带来的潜在的难以估量的各方面价值。一般员工的忠诚尚且有如此作用，更何况企业的精英分子核心员工了。

核心员工的忠诚会比一般员工为企业带来更多的价值，对企业的运营，绩效的提高以及企业的不断发展与进步都有着更为直接与深远的影响。具体地说，培养员工的忠诚度有以下几个方面的作用。

第一，节约招聘成本。这个作用是最显而易见的，培养起员工的忠诚度就意味着留住了员工，降低了员工流失率。那么，其直接的作用就是节省了招聘新员工的招聘成本。不仅节约了招聘成本，还省下了对新进员工进行培训的费用，同时也避免了招不到合适人选或选错人的招聘风险。用生不如用熟，使用忠诚的老员工不仅节约了招聘投资，也节约了新员工与企业磨合期的时间成本。对于核心员工，这些成本比一般员工大得多，使用忠诚的核心员工会给企业省下一笔不小的费用。

第二，效率优势。毫无疑问，老员工一般比新员工更熟悉企业的工作流程，工作效率也更高。在竞争激烈的当今社会，效率就是企业的生命，谁能快人一步，谁就能占领市场先机，就能保持或提高自己的竞争力。忠诚的老员工已熟悉企业的各方面运作，并在自己的岗位上已经做到了熟能生巧，进而在提高企业效率方面比新进员工能做出更大的贡献。而忠诚的核心员工的效率又是一般员工无法比拟的，留住忠诚的核心员工比留住一般员工会给企业带来更大的效率优势与竞争优势。

第三，顾客选择优势。顾客是上帝，失去了顾客，企业就失去了存在的意义。在实践中，与其说顾客是企业的资源，不如说顾客是员工的资源。因为员工直接与顾客打交道，并长此以往建立起与顾客的相互信任甚至良好的私交，建立了稳定的客户关系网络。顾客长期与你的企业合作是出于对某一员工的信赖，一旦你的员工选择离开你的企业，那么其手上的客户也会随之而去，企业就会失去顾客这一宝贵的智力资源。因而让你的员工忠诚，留住你的员工，就是留住了你的顾客，就是保持了企业的顾客选择优势。

第四，员工推荐收益。忠诚的老员工还会给企业带来一大好处就是，为企业举荐人才。企业招聘渠道分为外部招聘与内部招聘，还有内部员工推荐。

忠诚的员工出于对企业的深厚感情，会愿意给企业介绍优秀的人才。由于内部员工对于企业各方面较为深入的了解以及其在企业的信誉，其推荐的员工一般会符合企业的要求，使企业降低了招聘成本与招聘风险。同时，更为重要的是，员工推荐的员工一般会是其亲朋好友，二者关系不错甚至感情深厚。这样的员工要选择离职的话就会有种种顾虑，他可以背叛企业，却无法背叛自己的人际关系网。那么，忠诚的员工招进的员工也会忠诚。而核心员工推荐的人才一般也会是业内的顶尖人才，素质较高，核心员工之间的私交有助于企业更好地培养起他们对企业的共同忠诚，共同为企业创造更多的价值。可见，忠诚的核心员工的推荐收益会是巨大的。

另外，忠诚的员工的工作积极主动性更高，他们对企业感情深厚，把自己的命运与企业紧密联系在一起，认为自己与企业一荣俱荣，一损俱损，愿意与企业同甘苦，共患难，甚至做到以企业为家。那么这样的员工就会为企业心甘情愿地埋头苦干，甚而不求回报。这样的员工会大大节约企业的管理成本，使企业不必采用一系列激励策略就能起到良好的激励效果，忠诚的员工会真正激发工作积极性与创造性，激发自己的最大潜能，为了更多地奉献企业而不遗余力。员工对企业忠诚所带来的这些巨大作用是任何管理措施都无法媲美的。

培养员工的忠诚度有如此大的作用，而员工对企业忠诚度的缺失也会对企业的生存与发展产生许多不利的负面影响。

影响之一，员工士气低落，企业效率不高。员工对企业的忠诚度不高，就很难保持高昂的斗志与工作热情，这就势必使企业全体员工的士气低落，进而影响企业的运营效率。员工对企业不够忠诚，就会在工作时心猿意马而不够专心致志，他们仅仅把在企业工作视为换取饭碗、维持生计的一种方式。而这种方式也不是一成不变的，企业也许只是员工的一个临时落脚点，员工认为自己很有可能东家不打打西家，心存这种心态的员工为离开企业时刻准备着，不可能在工作时竭尽全力，于是整个员工士气都受之影响，萎靡不振。企业的运作效率也难以提高，影响着企业的业绩水平与竞争力。

影响之二，引发员工离职，使企业受损。员工对企业忠诚度的缺失会使员工在企业处于准离职状态，员工的离职是箭在弦上，一触即发。也许只要企业让员工感到了小小的不满，让员工受到了一点点委屈，都会引发员工拂袖而去，另谋高就的后果。对于核心员工而言，这种情况就更为普遍，他们对企业的忠诚度本来就不高，再加上极强的自尊心，他们会因与领导一言不合就离开企业，而企业员工流失率的提高会使企业蒙受巨大损失。如果是核心员工频频离职，其带给企业的损失更是难以估量的。

影响之三，影响企业声誉，有损企业形象。员工对企业的忠诚度不高，企业人才流失现象严重，这些传到外界会给企业带来不利影响。人们会质疑企业的实力与企业的管理，不再对企业的产品保持信赖，企业的美誉度大大降低，企业在人们心目中的形象大打折扣。这些不仅会使企业失去客户与广阔的市场，从而失去在业内的竞争力，同时也会为企业招聘新员工、引进人才带来障碍。人才不会选择一家美誉度低，员工流失严重的企业来施展才华，千里马会选择更具吸引力的伯乐。

传统上对忠诚度的理解有一些误区，如认为忠诚只是单方面的行为，而不需要双方的共同努力与互动。这种看法有失偏颇，会导致企业以人为工具的错误思想的蔓延，会导致企业的专制统治与等级森严，会破坏企业与员工之间的和谐关系并增强员工对企业的离心力。正确的理念是先有企业对员工的忠诚，才有员工对企业的忠诚，被强迫的服从不叫忠诚。还有一个误区认为薪酬与忠诚度无关，其实薪酬正是企业向员工表达忠诚度的重要方式，薪酬待遇的高低从一定意义上表现了企业对员工的忠诚度的高低，将二者完全割裂的看法是错误的。

二、影响因素

影响员工忠诚度的因素有多方面，包括管理因素、文化价值观因素、心理因素、个人因素以及环境因素。它们从不同角度影响着员工忠诚度的培养与发展，了解了这些影响因素，就有助于企业在培养员工的忠诚度时有的放矢，对症下药。

　　第一，管理因素。这首先涉及一个企业的管理制度风格问题。如果是那种传统的领导独裁决策，等级森严，喜欢对员工发号施令，而不愿意给员工说话的机会，这样的管理风格很难培育出员工忠诚的土壤，员工对企业只有敬畏以及为了保住饭碗而被迫的服从。反之，如果企业的管理风格是民主而平等的，企业的工作氛围和谐、宽松而愉快，员工与企业很容易拉近距离，融为一体，那么，员工就容易产生对企业的深厚感情与忠诚。企业的管理风格与它的传统密切相关，要想改变，很难一朝一夕完成。

　　其次，既然是管理，就离不开人治的因素，企业是通过各级领导、各部门负责人进行对全体员工的管理，员工是通过自己的顶头上司与企业打交道的。因而，与其说是员工对企业忠诚，不如说是员工对他的上司忠诚。在企业中极为常见的现象是员工"为企业而来，因经理而去"，指的就是领导的管理水平对员工忠诚度的直接影响。要想培养员工的忠诚度就要在提高领导者的综合素质、沟通能力以及管理技巧方面下大工夫，有了优秀的领导者才会有忠诚的员工。

　　对于核心员工而言，他们作为高素质的专业人才，在选择一家企业时，会尤其注重这家企业的制度设计情况，是民主还是专制，是落后还是先进，如果企业的管理风格是让其无法忍受的，核心员工就会选择离开。他们也特别在乎其上级领导的领导风格与管理水平，并通过其领导做出对企业实力的评价。领导的管理水平低下，就会使核心员工有所托非人之感，他们也会拂袖而去，另觅高枝。管理因素是影响员工忠诚度的重要的制度因素，企业的各项制度设计得优劣与否很大程度上影响着员工对企业的忠诚度的培养，进而决定着员工的去留。

　　第二，文化价值观因素。企业文化、企业的核心价值观是影响员工忠诚度的更为宏观，也更为根本的因素。这就要看企业文化是不是以人为本的文化，一般而言，只有以人为本的企业文化才能真正培育出员工对企业的忠诚度与归属感。因为在以人为本的企业里，把员工当做上帝，当做企业的内部顾客，企业上下四处洋溢着的是尊重人才，重用人才的氛围。

企业的所有举措都表达出对员工的一种人文关怀，这种关怀会让员工感动，并引发回报之念，于是，员工对企业的忠诚就此形成。

可见，以人为本首先表达了企业对员工的忠诚，因而迎来了员工对企业的忠诚回报。企业文化不只是一个以人为本，还有其他多种内涵，企业的价值观也是多种多样，各有特色。能否使员工培养起对企业的忠诚度，根本上还是看员工与企业文化的相融情况，要看员工能否认同企业的价值观。员工能与企业文化相融，能够认同企业价值观，就容易培养起对企业的忠诚度与归属感，因为员工与企业的"志同道合"，能使二者更易搭建起感情基础，进而愿意携手并肩、相濡以沫，为共同的事业而一起奋斗。

而如果员工不能与企业文化相融，很难认同企业的价值观，那么，二者的感情无法勉强，再多的努力恐怕也于事无补。

因而，我们看到企业在招聘员工时，特别注重对员工价值观的考察，以及员工与企业文化相融性的测试，因为这些将从根本上决定着员工对企业的忠诚度。即使员工的所有条件都符合企业的标准，但如果不能认同企业的核心价值观，企业也只能忍痛割爱，让员工另谋高就了。

第三，心理因素。员工能否培养起对企业的忠诚度还与员工的心理因素有关。不同员工的心理因素不同，心理因素的不同导致了员工对企业的忠诚度的高低。员工进入企业的心态不同，进而对企业的忠诚度就有所不同。

有的员工进入企业只是为了养家糊口，维持生计，对自己与企业都没有太多的想法，企业是否对他忠诚或者他对企业是否忠诚对他来说没有太大的意义，这种员工对忠诚二字持的是漠然的、无所谓的态度。也许企业再怎么对这种员工忠诚，也无法引起他的忠诚回应，企业对他所做的努力完全是"自作多情"。

而有的员工进入企业时，怀有自己的理想与对企业的期待，他们希望能在企业施展才华，锻炼自我，发展自我。如果企业能够做到对他忠诚，他就愿意对企业忠诚，为企业兢兢业业，埋头苦干，甚至视企业为家。那么，企业对这种员工的激励或其他措施都较容易引起员工的回应，这种员工能够与企业产生相互忠诚。

这些心理因素与员工的价值取向、个人目标以及期望值的高低有关，因人而异且较难改变。企业无法决定员工这些不同的心理因素，但也并不是对此无能为力。企业可以使用各种方法对员工的心理进行引导，如激励策略、心理暗示等，目的是引起员工对自己、对企业的期待，提高个人目标或个人期望值，使企业对员工的种种忠诚能够引发员工自觉的反应，引起企业与员工的忠诚互动，从而逐步培养并发展这种员工对企业的忠诚度与归属感，使其对企业忠心耿耿，在自己的工作岗位上投入更大的工作热情，激发更大的潜力，为企业做出更大的贡献。

第四，个人因素。员工对企业的忠诚度还与员工的个人因素有关，这主要指员工的主导需求不同，个性特色不同，其对企业的忠诚度的高低就会有所不同。如果一个员工的主导需求还只是生理需求这种低级需求，那么为其提供高薪以及优厚的福利就能使其感到满足并建立起对企业的忠诚。如果员工的主导需求是安全需要，那么对员工承诺终身雇佣，给员工以工作稳定感就能使员工对企业忠诚。如果一个员工最迫切需要满足的是社交需求，那么企业工作氛围的和谐，人际关系的融洽就能够将这种员工留住，培养出员工的忠诚度与归属感。如果企业高素质员工的主要需要是尊重性需要这种高级要求，企业要做的工作就会多一些，也就是说，要培养这种员工的忠诚度要更困难些，薪酬待遇、人际关系等无法满足其需要将其留住，这时企业就要灵活采用多种激励策略，尤其是精神激励法，使他们逐渐培养起对企业的忠诚与归属感。

而如果员工的需求是最高级需求即自我实现需求时，企业要想留住这样的精英人才，培养他们对企业的忠诚度，就要为其提供广阔的个人发展空间，富于挑战性的工作机会等，否则，精英人才只能做到对自己忠诚以及对自己的专业忠诚。核心员工就是企业的精英人才，他们占支配地位的需求是尊重需求与自我实现需求，要培养核心员工对企业的忠诚度，就要在满足这两种需求上做足文章。而且，核心员工一般具有鲜明的个性特点，自尊心极强，蔑视权威等。他们不易对企业产生依赖与归属感，他们的特点就是对自己专业的高忠诚度与对企业的低忠诚度，因而，企业要想留住核心员工就要比留住一般员工多费心思。

第五，环境因素。这里的环境因素既包括企业客观的工作环境，也包括企业主观的人际关系环境。环境因素也会对员工忠诚度的培养产生影响。

舒适优越的工作环境是吸引人才的一个砝码，也是一种有效的激励人才的方法，同时，它也能留住人才，培养起人才对企业的忠诚度与归属感。因为优雅的工作环境会使人心情舒畅，企业间的上通下达就容易顺利执行，企业的管理模式员工也会较为容易接受，而员工接受了企业的忠诚，也会回报其对于企业的忠诚。

与工作环境相比较，人际关系环境对培养员工忠诚度的影响要深远得多。事实上，员工对企业忠诚度的培养是通过与周围的同事、团队建立感情而实现的。员工如果能和周围的人际关系相互信任，相处融洽，甚至建立不错的私交，那么员工就很难摆脱这种情感的牵绊而离开企业，这也是情感留人富于成效的原因。

实践证明，员工可以做到背叛他的企业，却不太可能背叛他的人际关系网，背叛他的亲朋好友。人际关系融洽的企业一般不会有太高的员工流失率，而且一种透明的人际关系环境还会吸引更多人才纷至沓来。

花旗集团努力去营造一种工作环境：不同的个性被拥抱与赞美，人们能够被激励奉献他们的全部智慧。花旗集团正式发起成立了员工网络，为员工提供了一个论坛，关注员工的兴趣以及增强他们的专业成长。网络团体针对所有员工开放，建立多样化意识并支持公司的经营目标，诸如招募优秀的人才、识别市场机会等。如今，花旗集团内部已成立了形形色色的员工组织。

花旗集团的全球多样化办公室经常视察这些组织，并为他们提供指导与支持。花旗集团正式认可存在于公司中的各种健康的员工网络团体。花旗拥有形形色色的员工组织与网络，分别聚焦在各自不同的领域，包括男同性恋、女同性恋组织，女性组织，工作父母组织等。其他的各种团体也纷纷建立了起来。认可这些组织与团体促进了花旗的网络建设与教育认知，帮助公司在招聘、市场营销等方面取得创新与发展。

花旗集团的第一个员工网络组织是"自豪花旗"（Citigroup Pride），组织创立于纽约，在达拉斯、英国设有分支机构，面对所有员工开放。"自豪花旗"的主要目标是培育一种遍及花旗集团的包容、尊重的环境，让员工感到在这里很舒适，而不管性倾向、性别或性表达方式的不同。"自豪花旗"相信为花旗的所有员工创造一个安全、支持、能干的工作环境能够吸引最优秀的人才，增加忠诚度，提高生产效率。

"自豪花旗"经常组织各种相关活动，例如，与花旗的全球多样化办公室联合，在纽约组织了一个"自豪"月项目。C-女人（C-Women）是一个创建于花旗私人银行的组织，专门支持成员灵活性与职业上的需要，通过网络化、领导力技巧论坛，为所有级别的人提供鼓励、辅导等措施。

C-女人拥有很多的主要发言人，许多花旗集团成功的职业女性经常与该组织分享她们的职业生涯经历。花旗集团的"工作父母网络"（Working Parents Network）于2002年创建，是花旗集团一个崭新的员工组织。"工作父母"组织创立的宗旨是与员工分享信息，并为他们更好地平衡工作与家庭生活提供支持。

每个月，工作父母网络都会举行活动或会议。在各种活动上，员工聆听演讲者的演讲，题目范围从为上大学储蓄，到如何挑选适当的儿童看护服务，无所不包，完全以满足员工需要为宗旨。在花旗集团美国总部，有几个月被指定为传统月，来答谢各种组织的成就。在这几个特殊的月份里，花旗集团的业务集团被鼓励举行各种活动来教育、建立信念，并庆祝花旗集团员工多样化的传统。

例如，花旗的全球合作与投资银行拥抱西班牙人的传统月（9月15日—10月15日），通过一个由女传递者组成的编队游行，提供西班牙式的烹调方法，为地方提供本地咖啡等。作为非正式组织，花旗集团内部的各种员工团体为员工沟通提供了宝贵的平台，为促进花旗集团多元化用人文化建设起到了不容忽视的作用。

所以，花旗集团高层对内部员工非正式组织的发展给予相应的支持，指导这些组织为花旗集团全球27万员工的团队发展发挥正面作用。成立于1812年的花旗有着近200年的悠久历史，形成了稳固的企业文化与良好的企业运营机制。有着良好的用人氛围，让员工感觉到自己在不断地进步。对于那些想在金融界有所成就的人来说，花旗无疑是一个最好的起点，是发展员工的一个最佳平台。即使是那些离开花旗的员工，他们也是最优秀的金融人才。

原香港财政司司长梁锦松曾在花旗银行工作了21年之久，其他诸如巴基斯坦财政部长、比利时财政部长、菲律宾中央银行行长等许多人士都曾经是花旗集团的员工。所以，花旗集团良好的企业文化氛围吸引着众多的金融人才留在花旗，学习到宝贵的金融工作的经验。花旗在全球拥有优秀的培训体系，拥有全球金融界领先的管理方式，金融产品的更新速度非常快，使员工可以学习得非常快，而不是原地踏步。员工有机会与来自全球各地的优秀的金融人士进行交流。

所以，虽然花旗在同行业中的收入不是最高（中等偏上），但花旗依靠优秀的培训体系，公正而高效的激励机制，良好的企业文化氛围，以及始终都在创新的精神，无可比拟的学习环境，让员工认识到总在不停地学习到新知识，留住员工。从另一方面讲，那些忠诚度高的员工将得到花旗频繁的培训与提升，给他们海外发展的机会，更加增加了他们的忠诚度。

三、培养方法

员工对企业的忠诚度不是天生的，而是可以通过后天培养的。各个企业对自己员工忠诚度的培养也许各具特色，概括来说，主要有三个大的方面，即强化企业文化建设，建立公平竞争机制以及建立平等对待机制。强化企业文化建设就是要打造以人为本的企业文化，形成高效而又民主的企业文化风格，这是培养员工忠诚度的最为根本的方法。建立公平竞争机制主要涉及企业的激励机制设计问题，如果不能保证薪酬等激励制度的公平性，将会破坏员工对企业的信赖基础，更无所谓员工对企业的忠诚了。

建立平等对待机制实际上就是在企业内部形成一种不分等级的民主氛围，赏罚分明，不搞特权，平等对待，这种氛围才容易产生员工对企业忠诚的土壤。这些方法都是企业从宏观文化以及制度层面对培养员工的忠诚度所做的努力，目的是用这些企业对员工的忠诚换取员工对企业的忠诚回应，只要企业以诚相待，愿意以真心换真心，就一定能培养起员工对企业的忠诚度与归属感。

1. 强化企业文化建设

什么样的企业文化才有益于员工忠诚度的培养呢？从根本特

征上来说，必须是以人文本的企业文化。以人为本就是在企业中，把员工放在第一位而不是产品或顾客第一，就是把员工当做企业最为宝贵的资源加以珍惜与爱护，就是在进行企业运作时充分顾及员工的需要与感受而非强迫性地发号施令。

以人为本就是企业的管理要以员工的利益为出发点，在满足员工的需要、维护员工的利益的前提下实现企业与员工的双赢。以人为本是现代企业文化的核心特征，优秀的企业文化首先是以人为本的企业文化，以人为本的企业文化是所有优秀企业的共同特点。

当然，优秀的企业文化远不仅仅是一个以人为本，它还必须是高效而民主的文化。这首先体现在企业的每个员工必须清晰地明了企业的战略目标、发展方向、竞争优势与劣势以及竞争对手在哪里等，对企业远景的了解会缩短企业与员工之间的心理距离，使员工对企业油然而生一种责任感与使命感，愿意为实现企业的战略目标而贡献自己的一份力量。那么，员工在自己的工作岗位上就会投入更大的工作热情，以企业愿景作为自己努力的方向，这就必然能够激发员工更大的工作积极性与创造性，不断提高个人绩效与企业绩效。

其次，企业还必须将企业目标与个人目标紧密相连，使员工为企业的奋斗也是为实现自己的理想而努力，从而实现企业与员工的双赢。这种做法将企业的命运与员工个人的命运连在一起，让员工知道自己是与企业同呼吸共命运的，员工在实现着企业目标的同时也是在朝着实现个人目标的方向迈进，员工与企业是一种一荣俱荣，一损俱损的荣辱与共的关系。将员工的个人利益与企业的利益拴在一起，可以将员工的被动工作转化为主动工作，从而更大地调动员工的工作积极性，为企业目标与个人目标的同时实现而努力。

最后，这种企业文化还必须是倡导团队精神的企业文化。能够实现企业上下全体员工的协同合作，并倡导团队精神是高效的企业文化的一大特征。在讲求分工协作、团队合作的知识经济时代，企业团队战斗力的强弱与企业团队精神的有无，在一定意义上决定着企业的实力、企业的发展以及企业的竞争力。

当今的跨国企业、大型名企无不把团队精神当做企业的核心价值观加以宣扬，团队精神增强着员工之间以及员工与企业的凝聚力，有助于员工对企业的忠诚度的培养。可见，要培养员工对企业的忠诚度，就要强化企业文化建设，打造以人为本的文化，让员工了解企业的愿景，将企业目标与个人目标相结合，并强化企业团队精神的渗透，塑造这样的企业文化就会培育出适宜员工忠诚度培养的土壤，使员工的忠诚度不断得到培养与发展。

在众多全球 500 强实施的多元化用人浪潮中，柯达、花旗、GE、IBM、欧莱雅、雀巢等各领域的巨头都成为胜者。而柯达却早已不满足于多元化，更抢先迈出了"超多元化"的脚步——在公司内部建立"包容性文化"。包容性文化的含义是指在多元化（Diversity）所涵盖的民族、性别、宗教与信仰、国家与地区、残疾等因素的基础上，进一步强调"每个人"，认为"一个人就是一种文化"，这是一种完全以员工为出发点的文化，强调尊重个人（而这也正是柯达核心价值观的第一条）。

柯达的多元化文化已经向包容性文化迈进，已经不仅仅表现在不同肤色、文化等的员工在一起共事，而是表现在柯达会接受各种不同的思维方式、行为方式，只要思维、行为与工作方式的革新都是为了实现柯达的目标，争取事业的成功。"你自己就是一种文化"——柯达的包容性文化创建计划的宏伟目标就是要告诉每一名员工这点并在组织内部实现。每个人的观点应该被公司听到、尊重、支持乃至于实施，每个人的声音在团队里都是不同的声音，是不可缺少的声音——这就是柯达的包容性文化要达到的境界。

现在，柯达正在着手创建包容性的用人环境，更加让每一名员工感到自己在受尊重的氛围中工作，每个员工的观点都能够被柯达包容性的文化听到、尊重、支持乃至实施，在团队中每个人都能够感受到自己观点的重要性。在尊重个人价值观的基础上，升华提高，实现每一名员工的价值。

以前，衡量多元化的成绩，可能会有一些指标，如团队中有多少不同文化背景、不同肤色的员工。而在包容性文化中，衡量经理的业绩则要看他是否营造了包容性的氛围来尊崇"每个人就是一种文化"并聆听每一个人的声音。

2. 建立公平竞争机制

这主要指企业的薪酬等激励制度的设计必须以公平为核心，所谓公平指员工在工作中的投入与自己从工作中得到的结果两者之间的平衡。员工的投入包括教育、技能、工作经验、努力程度和花费的时间；员工得到的结果包括薪酬、福利、成就感、认同感、工作挑战性、职业前途等外在与内在报酬，其理论基础是公平理论。

公平理论是美国心理学家亚当斯在 1956 年提出的，他指出，员工倾向于把自己的付出与所得和他人作比较，进而产生公平与否的判断。如果感到受到不公平对待，员工会采取以下行为：减少自己的付出，即不再努力工作，以平衡自己的多劳少得；要求加薪，员工通过向企业积极的请求来实现自己的公平待遇；改变看法，即认为自己多得是因为工作强度大，别人多得可能是表现不俗；改变参照人或参照群体，员工有可能选择其他人选进行比较；辞掉工作，这是员工彻底解决不公平感觉的极端做法，是企业员工流动的一大原因。值得注意的是，这种所谓的不公平只是员工的个人主观感受，也许并不是实际情况。

所以，企业为了控制员工流失率，必须及时发现员工的这种不公平感，加以疏导与调整，以维持员工的积极性。公平理论昭示了企业薪酬制度的一大重要原则，即公平公正原则。员工们都有"不患寡患不均"的理念，企业若破坏了薪酬分配的公平原则就会失去员工的信任，引起员工的不满与抵触，进而引发员工辞职的结果。可见，失去了竞争的公平就会失去员工对企业的忠诚，因为不公平的竞争机制表现了企业对员工的不忠诚，让员工感到干多干少一个样，干与不干一个样，最后加薪晋升的人选却早已由企业内定了，这必然会严重挫伤员工的工作积极性，伤害他们对企业的感情，企业对员工的背叛也使员工无法再做到对企业的忠诚。

企业要建立公平竞争机制，就是要任人唯贤而非任人唯亲，使员工的付出有回报，使员工的回报与付出相称，使员工受到公平的对待。不公平的竞争机制会打击员工士气，使员工不愿再付出自己的努力，在自己的工作岗位上得过且过，敷衍了事，甚至还会发生员工与企业相抵触的事件，引发劳资关系紧张。这样的员工会为离开企业而时刻准备着，也就谈不上对企业的忠诚了。

核心员工对于公平价值的追求甚至超过一般员工，何况其具有极高的市场价值，一旦他们觉察企业的薪酬待遇有不公的现象会立即选择离开，寻求更能体现其市场价值的企业。因而，企业在对薪酬激励制度进行设计时，一定要以公平为指导原则，否则不但起不到激励效果还会适得其反，不但无法培养核心员工对企业的忠诚，反而会使其对企业的背叛立即兑现。

3. 建立平等对待机制

所谓平等对待，是指企业对所有员工都一视同仁，奖罚分明，任人唯贤，在企业中建立民主团结的工作氛围。企业能否对员工平等对待，体现了企业的一种包容度，表达了企业对所有员工的一种态度。即以人为本是不是只针对一部分员工执行，而对另一部分员工仍然奉行专制；是不是奖罚制度有明显的区别对待，对一部分人只奖不罚，而对另一部分人却总是只罚不奖；企业的晋升制度是不是透明，是以绩效为导向还是以人际关系为导向；企业的工作氛围是不是民主开放，是员工畅所欲言、平等相处，还是等级森严、员工讳莫如深。

以上林林总总都反映了企业的平等对待机制的建设情况，如果企业能够做到对所有员工的平等对待，员工就会增强对企业的信任度，相信自己的努力都被企业看在眼里并反映在激励措施里，相信企业会奖勤罚懒，赏罚分明，相信企业不会对个别员工搞特权、搞特殊对待而会任人唯贤。而信任度又与忠诚度密切相关，员工对企业信任度的提升就意味着员工对企业的忠诚度也同步增强，信任度与忠诚度的提高就会使员工对企业更加死心塌地、忠心耿耿，并在自己的工作岗位上投入更大的热情。

平等对待机制的建立还和企业的固有传统以及企业文化大为相关，传统与文化长期"润物细无声"的渲染，营造出企业独有的工作氛围。平等对待看似简单，可并非所有企业都能做到，特别是中国的众多国有企业，论资排辈的思想传统根深蒂固，老员工倚老卖老，对新员工呼来喝去、任加欺凌的现象十分普遍。而更可怕的是，新员工已对如此对待习以为常，忍气吞声，把积怨压在心底等待"媳妇熬成婆婆"的那一天的到来，再把自己受过的委屈一股脑向新员工宣泄。如此恶性循环，势必影响企业员工之间的人际关系，影响员工士气，进而影响企业效率，而所谓平等对待机制也就无从谈起了。

可见，平等对待机制，民主融洽的人际关系氛围非一朝一夕可以建立或营造，有的企业要走的路还很长，首先要从改变落后的传统观念入手，包括向员工灌输平等对待的思想等。了解了平等对待机制对员工的信任度与忠诚度的重要意义，企业就会在建立平等对待机制的路程上加快步伐。

平等对待对于企业的核心员工来说也有重要意义，作为高素质人才，核心员工的民主意识强烈，他们无法忍受不平等、不公正的事情发生，一旦他们发现了企业不平等对待的传统，他们就会毫不犹豫地选择离开，另觅高枝。企业不能建立平等对待机制，就不能获得核心员工的忠诚，也必将付出核心员工纷纷离职使企业受损的沉重代价。

四、培养关键点

企业在培养员工的忠诚度时，有两个培养关键点，即掌握公平、公开、公正原则以及适当的授权。公平、公开、公正的三公原则就是要把企业的所有制度、奖惩标准都置于阳光下，让员工在透明的管理下工作，将企业对员工的忠诚淋漓尽致地展现给员工，而不存有任何猫腻。适当的授权就是让员工真正地当家做主，成为企业的主人，给员工充分的信任就会赢来员工对企业的信任度的提升，进而培养出员工对企业的忠诚度。抓住了这两点培养关键，将有助你更好地培养起员工对企业的忠诚度。

公平、公开、公正原则中的公平是绩效评估的重要原则，如果绩效评估结果是有失公平的，那么整个绩效评估就是失败的评估，前面所做的所有努力也都前功尽弃。在评估过程中，有的企业把所有员工都评为优秀，或者没有最好也没有最差，全部都评为中游。这种敷衍了事的评估形同虚设。绩效评估经常发生有失公平的现象，如人际关系化、轮流坐庄或者其他的暗箱操作等。

这些评估都不能真实反映员工的工作表现，无法取得预期的绩效评估的效果。而绩效评估又是企业对员工采取激励措施的前提，绩效评估的不公平必然导致整个激励机制的不公平，这都会降低员工对企业的信任度，员工对企业的忠诚也就无从谈起。

公开原则是一个重要的原则，阳光是最好的防腐剂，企业的透明化管理会增强员工的信任度。要在企业的人力资源管理中坚持公开原则，就要加强员工对企业一系列制度设计与管理的参与度，如在薪酬制度的设计阶段就让员工参与探讨，听取员工的意见，在绩效评估的执行阶段保持与员工的双向沟通，在做员工的职业生涯规划时与员工充分地沟通，交换意见等。公开原则使员工感到企业把自己当成一家人，尊重自己的意见，从而就会更加维护企业各项制度的执行，并且增强与企业的感情。

公正原则是指企业制度标准的设定是以全体员工的共同利益为基础的，而非偏向于某些特殊群体。企业的各项制度的实施以及一系列管理措施对所有员工是一视同仁的，不存在特殊群体的特殊利益。企业能否做好一名合格的中立裁判，在一定意义上决定着员工对企业的信任度与忠诚度。

核心员工对公平、公开、公正的三公原则是尤为看重的，这与他们的价值取向相符。任何的不公平或不公正现象都会使核心员工感到没有得到尊重，是对自己自尊的一种蔑视。而核心员工占支配地位的需求是尊重需求，包括受人尊重与自尊的需要，企业的不公平行为不仅没有满足核心员工的尊重需要，反而使这种高级需要受到伤害。这对核心员工来说，可以上升到"是可忍孰不可忍"的高度。那么，核心员工的不满与抵触也就可以理解，他们的拂袖而去，另谋高就也在情理之中了。

适当授权是培养员工忠诚度过程中的另一个关键。授权是一门艺术，适当的授权就是给员工更大的发展空间，更好地施展才华，也能更好地提高个人绩效与企业绩效。同时，也会给员工当家做主之感。将企业的许多权力交到员工手中，会使员工产生对企业、对自己工作岗位的强烈责任感，这种责任感会激发员工的工作积极性与创造性，投入更大的工作热情，为承担起这份职责而竭尽全力。

长此以往，这种工作责任感就会逐渐演变成对企业的忠诚，使员工对企业的兢兢业业成为一种习惯，员工已经适应了与企业同呼吸共命运的角色。更为重要的是，企业的授权从根本上表达了企业对员工的一份信任，是对员工能力的肯定与信任，是对员工品行的信任。不是将才，企业怎敢委以重任？这份信任就满足了员工的尊重需要，从而起到很好的精神激励的作用，激发员工最大的潜力，为企业做出更大的贡献。你想要别人如何对待你，你就要如何对待别人。

企业对员工的这份信任也必然会换来员工对企业的信任，进而完成由信任度到忠诚度的转化，培养起员工对企业的忠诚度与归属感。从核心员工的角度看，感到缺乏个人发展空间是核心员工离职的最重要原因之一，而其中的一大症结所在就是企业授权不充分，核心员工做起事来束手束脚，瞻前顾后，只能按照领导指示按部就班地完成工作任务，工作缺乏挑战性，无法体会到工作的乐趣。这对于核心员工来说是无法忍受的。一旦发生这种情况，核心员工就会质疑自己的工作能力，并且认为这是企业对自己能力的怀疑，或者是对自己品性的不信任。

企业对核心员工不肯充分授权的原因有很多，也许是怕其功高震主，担心核心员工的影响力过大给企业带来威胁，比如羽翼丰满就弃企业而去，牺牲了企业的培养成本等。这是企业对核心员工忠诚度的不信任，因而不愿首先对核心员工做到忠诚。企业与核心员工之间不能建立起信任互动，那么二者必然也不能相互忠诚，最后的结果很可能是核心员工对企业的忠诚度越来越低，使其离职是箭在弦上，一触即发。

核心员工与一般员工不同，他们的工作能力与综合素质是不需要企业怀疑的，他们能否顺利完成工作任务也不该是企业担心的问题。因而，企业要想留住核心员工，培养核心员工对企业的忠诚度，就要对他们授权充分又充分。

五、待遇与忠诚度的关系

待遇与忠诚度到底是一种怎样的关系呢？传统上有一种说法认为待遇与忠诚度无关，影响员工忠诚度的只是员工对工作的兴趣、企业给员工的个人发展空间以及员工与职位的匹配度等。这种看法认为高薪并不能培养出员工的忠诚度，将员工留住，享受高薪待遇的员工依然会"身在曹营心在汉"。因而认为要培养员工的忠诚度，不需在加薪等提高待遇上面下工夫，而需要在待遇之外的其他因素方面做文章。这种看法有一定的道理，但有些以偏概全，有失偏颇。

待遇与忠诚度在某种意义上并不产生必然的关联，从一些待遇不菲的名企的居高不下的员工流失率就可见一斑。在这些企业中，所有员工已经把高薪或不断的加薪待遇当成一种理所当然，已经习以为常。他们认为自己为企业所作的贡献理所应当享受企业对自己的高薪回报，加薪是应该的，如果不加薪，反而会引起员工们的不满。那么，这是什么原因呢？原因在于待遇在这些企业中只属于一种保健因素，而非激励因素，也就是说，不加以满足会引起员工的不满，加以满足也不会使员工感到特别满意。待遇对这些企业的员工来说起不到任何激励作用，不能激发他们的工作热情，也就不能培养他们对企业的忠诚度。

从这个角度看，待遇与忠诚度似乎关系不大。然而，在某些情况下，待遇与忠诚度仍是一种正相关的关系。待遇能够培养起员工对企业的忠诚度，将员工留在企业。这主要是针对企业的一般员工，或者说技能不高、工作能力不强、处于企业较低层的员工。对这些员工来说，在他们的需求层次中占支配地位的还是生理需求以及安全需求等低级需求，待遇正是对他们这些需求的满足，是投其所好。

对于企业的核心员工来说，待遇从一定意义上也能培养起他们的忠诚度。当然，这并不是因为核心员工的低级需要没有得到满足，而是说待遇已经转化成对其高级需求的满足。高薪等优厚待遇被核心员工视为对自己工作能力的肯定，以及自己市场价值的高低。你的核心员工被你的竞争对手高薪挖走，并不是被那诱人的数字吸引，而是这个数字表达了对手胜于你对核心员工的尊重，这才是核心员工最为在乎的东西，也是高薪挖人屡试不爽的症结所在。

可见，待遇与忠诚度并不是毫无关系，在一定情况下，二者是一种正比关系。波特曼丽嘉酒店认为，"一流的公司要用一流的员工，支付一流的薪水。"按照这样的思路，波特曼丽嘉的薪酬是"市场领先型"的，90%以上的岗位薪酬都位于行业薪酬水平的首位，经理层更是远高于同行。每个月波特曼丽嘉会与其他五星级酒店交流，以确保薪金、福利位于领先的水平。"薪酬水平当然是重要的，每个人都需要钱。"波特曼丽嘉的人力资源总监说，"想找好员工，一定要付大价钱，不可能有又好又便宜的员工。"酒店每年就薪酬水平做两次调查，每一次调查都发现，90%的员工工资是上海五星级酒店相同职位中最高的，另外那10%没有拿到最高薪水的，酒店会马上作出调整：即便今年已加过薪，也会再得到加薪。

六、提拔与忠诚度的关系

一般情况下，提拔与忠诚度是一种正相关的关系，对企业员工的提拔有助于员工对企业忠诚度的培养。究其原因，主要是因为提拔属于企业激励制度中事业型激励的一种，对员工能够起到一定的激励作用，激发员工的工作积极性，激发员工的最大潜力，提高个人绩效与企业绩效。激励制度能够使员工在自己的工作岗位上保持斗志昂扬，为完成工作任务而竭尽全力并乐在其中。

这些员工心中所想的全是如何在自己的工作方面取得更大的进步，或如何提高自己的工作能力与各方面职业技能，以更大地提高绩效，因而他们不会轻易背叛企业，弃企业而去，久而久之，就会培养起员工对企业的忠诚度。

提拔能培养起员工对企业的忠诚度，还在于提拔能够提高员工对企业的信任度，而信任度的提升又会提高员工对企业的忠诚度。提拔也即晋升制度，首先是企业对员工的工作能力以及各方面表现的一种肯定与器重，除了是对员工的一种激励外，更重要的是，它表达了企业对员工的一种信任。

正是出于信任，企业才会将员工提拔到更重要的工作岗位，赋予其更重要的工作职责，期待其独当一面，有更出色的工作表现。这份信任的背后也就是企业对员工表达的忠诚，而这份忠诚必然会引起员工对企业的忠诚回应，员工因更强的工作责任感会对自己的工作更加忠诚，也就会对自己效力的企业更加忠诚。另外，提拔与忠诚度还是一种相互起作用的互动的关系。也就是说，提拔会培养员工对企业的忠诚，而员工对企业的忠诚也会促进企业对员工的提拔。

在实践中，企业提拔一名员工，会考察他的综合素质与各方面表现，但其在企业的资历也即效力时间的长短会是一个重要的考量因素，企业认为员工在企业的工作年限长表现了员工对企业的忠诚，企业更愿意提拔忠诚的员工为企业做出更大的贡献。员工对企业忠诚，企业会用提拔的方式表达自己对员工忠诚的回报。从这个层面上说，企业对员工的提拔与员工对企业的忠诚是一种相互发生作用的互动关系，尽管有时这种提拔不够科学，有失公正。对于核心员工来说，提拔对培养起对企业的忠诚度有着积极的作用。

核心员工最为看重个人发展空间与工作的挑战性，当核心员工看不到自己职业生涯的上升空间或体会不到工作乐趣时，他们会毫不犹豫地选择离开，寻找更为广阔的舞台。而晋升机会能够满足核心员工的职业发展需求，这意味着核心员工会拥有更多的工作权力，面临更大的工作挑战，因而不仅能对核心员工起到很好的激励作用，也是企业事业留人的重要方面。当然，对核心员工的晋升一定要保证透明与公正，否则不但不会培养其对企业的忠诚，反而会适得其反，引发核心员工与企业间的信任危机。

七、最高（理想）境界——员工的自我管理

培养员工忠诚度或者增强员工对企业的归属感的最高境界就是实现员工的自我管理，也就是说，企业对员工已经达到了"无为而治"的境界，员工无须企业的指手画脚就能自觉自愿地做好本职工作，为企业兢兢业业，全身心奉献，甚至能够做到自我激励，从而激发更大的工作积极性与创造性，不断提高个人绩效与

企业绩效。

这当然是所有企业都梦寐以求的境界，这不仅仅节约了大量的管理成本，更为重要的是，员工与企业之间已经建立了相互忠诚，达致了相互付出与回报的某种默契。最理想的状态时，员工已经做到以企业为家，企业更把员工视为最宝贵的财富。这样的企业，这样的员工，士气怎能不振奋？企业效率怎能不高？企业的竞争力又怎能不强？

这样的企业不必为吸引人才而望穿秋水，也不必为留住人才而煞费苦心，优秀人才会纷至沓来，现有员工更会对企业忠贞不渝。要达到员工自我管理的这种最高境界，就要靠以人为本的企业文化，靠科学而有效的企业制度，靠优秀的企业家。兼具三者的企业不多，因而能达致这种境界的企业也寥寥无几，企业还需要很长的修炼时间，还有很长的路要走。

然而，企业要有"今虽不能至，心向往之"的态度，要有"精诚所至，金石为开"的决心，更要有百折不挠，愈挫愈勇的毅力。那么，实现员工自我管理的最高境界并不是遥不可及。在实践中，有许多名企的做法给我们树立了榜样。如海尔因其优秀的企业文化、科学有效的管理制度和卓越的企业家使其近乎达到了这种最高境界。

这有个案例：1999 年 7 月中旬，美国洛杉矶地区的气温高达40 多度，连路上也少有人在这么热的天气里走动。一次，因运输公司驾驶员的原因，运往洛杉矶的洗衣机零部件多放了一箱。这件事本来不影响工作，找机会调回来即可，但美国海尔贸易有限公司零部件经理不这么认为，他说：当天的日清中就定下了要调回来的内容，哪能把当日该完成的工作往后拖呢？于是这位经理冒着酷暑把这箱零部件及时调换了回来。

6

第六章
核心员工的个性化管理

对于真正优秀的人才来说，只要拥有彻底的移动自由，他就能够取得最佳的成就。他必须拥有按照自己的方式独立行事的自由。与此同时，做出决定的职责也应当放手由他一人承担。

——T·科利曼·杜邦 美国杜邦公司前总经理

在建构整个核心员工的动态化管理体系中，对核心员工的个性化管理是最具灵活性与活力的一环，也是能从根本上激励员工，激发其潜能的管理方法。个性化管理方式已经被许多企业应用于人力资源管理过程中，针对全体员工的不同特点设计不同的管理方案。尽管会有不错的收效，但会大大提高管理成本以及对管理者提出了更高要求，因而并不是对每家企业都适用。而对核心员工的个性化管理就另当别论了，这应该是每家企业的"必修课"。因为核心员工与企业是一种唇齿相依的关系，对他们的管理应该是不惜任何代价的，管理成本再怎么高也比不上核心员工给你创造的价值，没有合适的管理者，那么企业家就要亲自挂帅。

对核心员工的管理首先是用企业文化对核心员工进行团队激励，即充分发挥"文化管理"的巨大作用。企业文化在一定程度上是一家企业的核心员工的品质才能、创新精神、事业心、责任感等的综合反映。

核心员工是企业文化的打造者，也是它的受众。企业文化的团体激励功能可以强化核心员工的归属感与使命感，使核心员工对企业忠诚。然后是对核心员工"量体裁衣"，设计不同特色的个性化管理方案进行个体激励。个性化方案的原理是马斯洛的需求层次理论，即根据核心员工不同的需求层次有的放矢地进行满足，以高效地调动他们的工作积极性。不管是"文化管理"还是个性化管理方案，其最终目的都是提高核心员工的忠诚度并激发核心员工的最大创造力，实现组织目标与个人目标。

一、重视核心员工的文化管理

1. 对企业文化的界定

"文化就是明天的经济"，企业文化给企业带来经济与社会的双重效益，它是一种管理方法，以企业价值观为核心，包括管理理念、企业精神、工作作风、用人观念等。企业文化是企业在长期运营中逐步形成的，通过企业战略、企业制度、组织行为、个体行为等体现出来的企业行为特征。它重视企业主体——人的因素，为广大员工所认可，并深层次影响着员工的思想，使之自觉自愿地为企业奉献并从中实现自我价值。

企业文化以新的管理方式推动企业的发展，它将企业战略目标及制度设计以价值观念的形式反映出来，比如，一个企业如果在体制安排上要拉开人们的收入差距，那么这个企业在企业文化上就有等级差别的理念，又如，一个企业在经营战略上要扩大自己的经营，那么这个企业的企业文化就要有诚信理念。企业文化通过规范企业行为进而规范员工的行为，使企业目标与员工愿景协调一致。

例如，企业文化中的责权利对称性管理理念，规范着员工的责权利关系。企业文化中的共享共担理念，规范着企业与员工在风险承担及利益享受上的相互关系。小型企业看老板，中型企业看管理，大型企业看文化。企业文化与企业发展相辅相成、密不可分。只有当企业发展到一定阶段，才形成企业自己的文化。每个企业的企业文化不同，决定了它的战略目标、经营风格、管理方式等的不同特色。这种"标签"难以模仿，并打造着企业的核心竞争力。企业凝聚力的形成，品牌价值的提高、无形资产的积累，都贯穿于企业文化之中，现代企业的竞争已逐渐演化为企业文化优劣的比拼。

2. 企业文化的特点

（1）以人为本。

企业文化摒弃了过去企业管理中以产品为导向，以组织为本位的倾向，开始重视人的作用，强调人的感情因素、文化因素，主张人、企业与社会三体合一，尊重人，重用人，激励人，在提高企业绩效的同时，使员工找到精神的归宿与生命的价值。

现代企业的竞争是人才的竞争，而人才竞争的背后是企业文化的竞争。员工的素质如何，创新能力如何，对企业的忠诚度如何，都是企业文化潜移默化影响的结果。如"联想，成就人，成就于人"，倡导员工将个人追求融入到企业的长远发展之中。韦尔奇说，"我们把所有的赌注都押在我们的雇员上面，我们授权给他们，给他们资源，照他们的方法去做。"

海信的企业精神是"敬人、敬业、创新、高效"，其中"敬人"是海信企业精神的核心，更是海信人力资源理念的根本出发点，其精髓是厚德载物的仁爱思想和人本主义。具体而言，"敬人"对内表现为尊重员工的人格与尊严，尊重员工创造的价值，提倡公平竞争，不断赋予员工有挑战性的工作目标和广阔的发展空间，达到企业和员工的双赢。海信的成功关键是因为在企业的发展中造就了一大批优秀人才，因此海信的第一战略就是人才战略。

海信集团清醒地认识到，国际市场的竞争越来越激烈，而这种竞争的实质是人才的竞争。从企业管理的角度来看，企业发展离不开人力资源、经济资源、信息资源这三种资源，人力资源可以变成其他两种资源，但是其他两种资源却无法变成人力资源。海信坚持"技术是根、创新是魂、人才是本"的经营理念，始终把人才作为企业发展的创业之本、竞争之本、发展之本。因此，海信在选人上不看出身，最看中的是认同海信的三点文化取向者：一是要有事业心，要有做事的激情；二是要具有一定的产品技术或者管理技术功底；三是要有学习精神，在社会的迅速发展、知识的快速更新中，学习精神是非常重要的。

海信以人为本的观念体现在对核心员工的管理上就是重金倾斜技术人员。海信的薪酬共分为基本工资、浮动工资及年度工资3个部分，其中基本工资与任职岗位挂钩，通过职位评估确定，基本不变。而在这个固定部分之上还有一个与技能相关的调整幅度，称之为准宽带工资。浮动工资是跟个人绩效、部门绩效以及公司绩效密切结合的，所占比例根据工作岗位而不同。与其他企业不同的是，海信对于技术人员的倾斜力度是很大的。海信认为，技术和人才是企业成长过程中的关键因素，海信从1992年开始，就在提倡打破"平均主义"，构建技术中心这一人才特区，使研发人员平均收入达到整个集团的3倍以上。而这项革新在当年国企口号为"工资向一线工人倾斜"的情况下，非常不易。

其中，研发人员的报酬与开发的产品及项目的深度和难度有关，另外，对一些有技术专长的专家、技术骨干还给予公司股份、住房等其他福利待遇，并保证提供充分的国际技术交流与访问机会。

(2) 企业目标与员工目标的统一

企业目标通过企业价值观来体现，通过向员工灌输企业价值观，使之明白企业的追求，明白只有献身工作为企业的前途共同奋斗才能实现自我目标，二者是荣辱与共的关系。如果员工知道企业的战略目标，知道企业的市场定位，知道企业的竞争优势，也知道企业的竞争对手在哪里，那么，他们的工作行为会更富目标性，更有使命感，会懂得如何将自己的个人目标融合到为企业献身的过程中去。企业文化是连接企业目标与个人目标的纽带，能实现企业与员工的双赢。

惠普公司就懂得将公司愿景与员工的目标结合起来。在惠普，公司的每一个"层级"都要拟定自己的目标，而且这个目标是要与上一级相关联，也就是说，要帮助上一层的领导实现他的目标。这样一来，每一个人的目标等于是企业共同目标里面的一个子目标。通过一层一层执行任务，整个组织就会获得较高的绩效。

惠普发现，仅有奖励和升迁而没有适当的引导，也无法留住员工，这个适当的引导就是为员工设立更具挑战性的目标。于是开始自我反省：长期以来，只是从企业的角度思考问题，目标是营业额增长多少，市场占有率达到多少，顾客满意度多少，却忽略了员工作为人的属性。

有些员工明明升了职却仍然选择离开，正是因为对工作缺乏热情。目标愿景不应只与企业利润有关，还要结合员工的个性与梦想。员工也有自己的梦想，有些企业过分强调数字目标，没有注意到员工的成长空间，这是领导者的失误。

所以在 1994 年，惠普提出新的愿景：超越 IBM，企业形象在中国台湾地区进入前 10 名，成为本地优秀学生的最佳选择和最令人推崇的科技公司。为此，惠普开始注意提升公司形象，还提倡员工选择自己喜欢的工作，支持、协助员工发展其多方面的能力，改善公司薪酬福利。上述措施的结果便是员工满意度从 50% 提到 72%，而且培养了一大批人才。截至 2010 年，惠普台湾公司业绩不仅超过 IBM，还有 20 多位员工被派往惠普亚太区任职。

(3) "沟通从心开始"

不管是企业的目标与价值，企业决策以及企业战略的变化都需要与员工的沟通。企业文化也正是通过这种方式对员工进行传导。企业文化不是企业对员工单方面的说教，而是与员工的双向沟通。"填鸭"式的硬性灌输会引起员工的反感，不管哪一层次的沟通都要注意接收员工的反馈信息。了解了员工心中的目标以及对企业决策的看法，才会为企业目标与个人目标的有机结合寻得对策。

一位 CEO 在谈及如何确保公司新的技术革新战略准时出台时说，"我们的主意听起来太简单了，最关键的一点是沟通，沟通，还是沟通。组织的每一层次都需要沟通，从组织的最底层起就需要沟通。"韦尔奇认为真正的沟通不是演讲、文件和报告，而是一种态度，一种文化环境，是站在平等的地位上开诚布公地、面对面地沟通，大家总能取得共识。

韦尔奇至少有一半时间花在与员工的相处上，认识他们，和他们谈论问题。他至少能叫出 1 000 名员工的名字，知道他们的职责，知道他们在做什么。良好的沟通机制可以使员工感到企业的关心，从心底产生感动，进而起到激励员工的效果，更会提高其忠诚度与归属感，这正是企业文化"以人为本"的最好体现。

如在惠普（中国）公司有这样一种现象，企业办公桌的数量永远比员工的数量要低，企业鼓励员工带着便携电脑在办公室以外的其他地方比如家中办公。而且，由于办公桌总是比员工人数少，所以办公桌总是处于被公用的状态，并非归个人独自专用。所以，实际上员工的办公地点并非固定，员工总是处于流动性的办公状态之中。即便企业的管理者也是遵循这一规则，在公司并没有专用的办公区间。

惠普的这种做法显然是基于其强大的内部网络基础，或者说，正是内部网的支撑，惠普才真正实现了其梦寐以求的无纸化办公。这种规则的实行，除了对惠普直接产生高效、节能的功用之外，对惠普的公司文化建设也产生了新的推动。比如，惠普提倡成员与成员之间的坦诚相见，提倡"沟通"。那么，由于员工的办公地点并非固定，因此他办公桌的邻居也是不固定的，今天他的邻居是 A 部门的，明天也许就是 B 部门的。这种状态使得成员之间的沟通变得十分有意义，换言之，成员之间面对面的沟通不再局限于本部门，即便是与公司管理层的沟通也不再是困难的事情。

3. 对核心员工施行文化管理的重要性

文化管理，顾名思义，就是用企业文化来管理员工。企业文化对企业发展的推动力巨大，其高价值性表现在它是企业的一种独特的、日积月累的、难以仿效的宝贵资源。而核心员工是企业的灵魂人物，他们创造着企业80%的价值，他们打造着企业的核心竞争力，用企业文化来管理核心员工更会让企业如虎添翼。

企业文化是人的文化，在一定意义上讲核心员工是企业文化的参与塑造者。如果他们是企业创业期的"元老级人物"，那么其可能是企业文化的直接缔造者。他们的品质、个性、创新能力、处事风格直接影响着企业文化的形成。他们塑造着企业文化，又接受着企业文化的管理，核心员工与企业文化实质上是一种互动关系。

(1) 核心员工与企业文化相融合之利

我们都知道，企业文化与核心员工都是企业最宝贵的智力资源，只要二者"强强联手"必会提升企业的核心竞争力。核心员工由于其价值优越感与高稀缺性，决定了其对企业的忠诚度不高，他们看重自我价值的实现，看重企业文化。所以，企业文化是企业吸引核心员工的一张"王牌"。如果核心员工认同企业文化，其价值观也与企业价值观相一致，他就会全身心奉献，因为对企业忠诚就是对自我忠诚。

(2) 核心员工与企业文化相抵触之弊

如果引进的核心员工各方面都符合企业的要求，但就是无法与企业文化相融，他不习惯企业的处事方式，不能接受企业的价值观，工作时也心存别扭，那么不但难以发挥潜能创造效益，长此以往，核心员工必会拂袖而去，给企业带来损失。

这时，不论你想待遇留人、感情留人还是事业留人，恐怕都于事无补了，因为一个人的价值观很难在短时间内改变，核心员工总会去寻求有着吸引自己的企业文化的企业，只有自己的价值观与企业核心价值观相一致，才能真正地施展才华并从中找到工作的乐趣。

许多外来的核心员工在家族企业难以长久立足就是一个例

证。家族企业的企业文化一般具有企业主决策专断、对亲属员工管理的偏袒以及外来员工晋升困难等弊端，核心员工很难适应如此的企业文化，所以家族企业中外来核心员工的比例一般不高，因而家族企业的发展受到制约并且创新能力不强。

（3）核心员工是企业文化塑造者与革新者。

核心员工与企业是一种互动关系，企业文化可以用来管理核心员工，而核心员工又在事实上参与塑造了企业文化。都说企业家是企业文化的建筑师，那么企业的核心员工队伍就是企业文化的工程师，他们的素质与水准设计出独具特色的企业文化大厦。而企业从外部招聘的核心员工，会给企业带来新观念、新思路，给企业注入新鲜血液，参与创新着企业文化。

新旧核心员工共同为企业文化大厦添砖加瓦，为企业文化大厦装潢翻新。核心员工是企业文化的受众，又是塑造企业文化的主体，那么他们更会心甘情愿地接受文化管理，在自己的企业文化大厦里住得舒心。核心员工与企业文化保持这种互动关系无疑能更大地激发核心员工的潜能与创造力，调动工作积极性。

4. 如何对核心员工施行文化管理

既然核心员工与企业文化相融合是如此的重要，对核心员工的文化管理就要引起高度的重视，不管是从引进核心员工的关口把关，还是对内部核心员工的培训，这方面的工作应放到对核心员工管理总揽大局的战略位置。

首先，从招聘时把关。在从外部引进核心员工时，非常重要的一点就是考察其能否与企业文化相融。即使某人才软硬件均让你心仪，但一旦发现其不能与企业文化相融，那么你也只能"忍痛割爱"，因为他不是你的"真心英雄"，引进这样的人才会有后患。

在招聘核心员工时，企业往往只关注人才的专业素质、从业资历以及诚信品质、创新精神、团队意识等。没错，这些软硬件都非常重要，但是，企业忽略了最为重要的一点，就是考察核心员工与企业文化的相融程度，这一点不符合，核心员工的综合素质再高也是惘然，从一定意义上讲，若招进这样的核心员工，其能力越强反而对企业的损失越大，因为他们终将离去，带走企业重要的技术资源与客户关系。

因而，在引进核心员工时，首先就要用各种方法，如面谈，科学的小测试等检验他与企业文化的相融程度。如果相符就继续下面的招聘工作，反之，只好对其婉言相拒了。

其次，在对核心员工的培训中进行企业文化的灌输。对核心员工的培训都是较高层次的培训，不管是什么内容的培训都该加强企业文化方面的渗透，让核心员工与企业文化尽早融合，更好地融合。企业内刊、板报、宣传栏、各种会议、研讨会、局域网，可以成为对一般员工进行企业文化宣传的工具。而对于核心员工来说，培训应成为主要的企业文化渗透方式，因为这种方式更直接，也更有成效。

企业文化是核心员工看重的部分，有关企业文化的培训正是满足其需求的激励，因而会欣然接受。最后，通过团队建设强化。现在任何一个企业都不能单靠某个核心员工的单打独斗求得发展，团队建设不容小视。每个小团队的文化形成整个企业的大企业文化氛围，借助环境的辐射力对包括核心员工在内的全体员工进行企业文化的强化。核心员工是企业团队的灵魂人物，在团队合作中要强化企业文化的熏陶，使其不但自己认同，还能影响团队的其他员工，整个团队都受企业文化指引，反过来工作其中的核心员工进一步与之相融合。

5. 对核心员工施行文化管理时的注意事项

首先，企业家要发挥主导作用。企业家是企业的领袖，其对企业文化的影响巨大，可能是整个企业文化的缔造者，从一定意义上说，有什么样的企业家，就有什么样的企业文化。

企业家在整个企业文化的建设上都要起表率的作用，以身作则，做出榜样，如海尔的张瑞敏、通用的韦尔奇等。那么，在对核心员工的文化管理上，企业家更要起主导作用，不妨亲力亲为，比如亲自培训有关企业文化的课程，亲自对核心员工言传身教等。这不仅因为企业家对企业文化有更深的融合性，可以传授给核心员工企业文化的精髓，其这么做还会给核心员工以受重视之感，培训效果更好。

其次，注意双向沟通。沟通应贯穿于企业管理的始终，与核心员工的沟通尤其重要。在进行文化管理时要注意与他们的双向沟通，不可只是企业单方面的"传教"，要倾听核心员工的意见和建议，对于其有建设性的建议要充分重视。因为核心员工对企业文化的领悟力较强，对企业文化的改进与创新会有富于建设性的意见，企业要注意及时与之沟通，及时对企业文化进行修正。

最后，文化管理要不断创新。企业文化不是一成不变的，会随企业战略、外部环境等因素的变化而变化。新的核心员工的引进也会给企业文化带来创新的活力。因而对核心员工的文化管理也要与时俱进。

二、核心员工的个性化管理方案

如果说对核心员工的文化管理更多的是一种团队激励的话，那么个性化管理是最好的个别激励。因为每个员工的个人情况都有所不同，比如性格特征、受教育程度、家庭情况、对事物认知力、反应速度、行为导向等，那么就应以不同的管理方法施以管理。虽然"一刀切"的管理方式节约成本，容易操作，但效率不高，管理效果不佳。

这种一对一的个性化管理方案虽然会增加管理成本，但会是高产出，高回报的。尽管对管理者提出了更高的要求，但这种弹性管理却是最富活力的。一位心理学家曾说过，"一个没有弹性的管理者，可以说是最没有效率的管理者。"个性化管理对一般员工与核心员工都会富有成效，但考虑到对一般员工管理的成本与产出比，这样的方案可操作性不强。对核心员工就有所不同，不但要不惜成本，而且要放到人力资源管理的重要位置上。

这一理论的指导意义在于：企业要针对员工不同的需求层次有的放矢地进行激励与管理，来调动员工的工作积极性，发挥潜能与创造力，提高企业绩效与员工绩效。

个性化管理方案就是根据这一原理，对有不同需求层次的员工进行一对一的管理与激励。具体说来，对于还处于最底层生理需要还未满足的员工，薪酬待遇是最重要的；如果是处于第二层次的安全需要迫切，那么就给他稳定的岗位与福利；有社交需要的员工会很在乎企业文化、同事层次、工作条件等方面；感到第四层次尊重需要未满足的员工一般是企业职位较高的员工，他们更注重的是公司形象，企业文化和个人发展空间等；有最高层次需要——自我实现需要的员工是少数的精英人才，他们看重公司形象、发展空间、企业文化以及企业的国际化程度等。

个性化管理方案正是基于这样一个原理，对不同员工的不同需求对号入座，更清晰地了解员工的不同层次需求，进行富于个性的管理，才能从根本上激发员工的积极性，这样的管理才是高效的。

对核心员工的个性化管理方案有几个要点。

首先，重点关注核心员工的尊重需求与自我实现需求。核心员工作为高素质人才，一般其低层次需求已经得到了满足，他们不再仅为薪酬而工作，他们也有较高层次的人际关系圈。他们在企业中最需要满足的是高层的需要，即尊重与自我实现的需要，大部分核心员工的离职原因都与缺乏个人发展空间、没有成就感、与企业文化不相融等因素有关。对他们来说，事业留人比待遇留人更有效。

当然，这不是说对于核心员工的低层次需要就不闻不问了，任何一种需要都不可能完全被满足，对核心员工来说，也许高层次需求更占支配地位，却不是说低层次需求就不存在了。应从实际出发，以解决其实际困难为目的。所以，应在重点关注其高级需求的同时，兼顾他们的低层次需求，有针对性地给予满足。

其次，不惜管理成本。核心员工是企业的灵魂，他们的去留甚至决定企业的生死存亡。

对他们的个性化管理方案的终极目的是留住人才并培养他们的归属感，所以，对他们可以不计管理成本，甚至为了挽留而不惜代价，因为与他们的贡献相比，这些都算不了什么。

曾有一家公司为了留住一位要离职的工程师而买下了那家跳槽公司。没有比人才更贵的东西了，这和针对一般员工的管理方案有所不同，一般员工对企业的贡献不如核心员工那么大，因而对他们的个性化管理还是要计算成本的，企业不会做亏本的买卖，毕竟一般员工对企业的重要性程度以及招聘成本，重置培训成本等都大大低于核心员工。

当然，这也要综合考虑企业的自身情况，如企业规模大小，资本实力等，也许对于大型企业，跨国公司等实力雄厚的企业才能承受如此的"不惜代价"。

最后，企业家要亲自过问。由于对核心员工个性化管理的特殊性，管理方案要由人力资源部的高级经理专门负责，并定期向企业家汇报。

核心员工对企业核心竞争力的打造至关重要，留住他们决不再是企业的一个或几个部门的事情，企业所有部门必须通力合作，企业家必须亲自过问，按时考察管理情况，及时提醒有关部门不断改进。核心员工感到受重视，会起到很好的激励效果。下面看一个案例：

有一家专业从事 UPS（Uninterruptible pouer Supply，不间断电源）业务的 IT 企业，在全国 26 个城市设有分支机构。公司内的各地中高级管理人员是支持业务发展的关键员工，因为具有良好的工作背景和职业素质，这些人常常成为业内其他企业的猎取目标，因此迫切需要制订一个关键员工保留方案。因为所面临问题的紧迫性，所以保留方案首先确定为中短期及经济性方式，暂不考虑长期的、非经济性手段。

分析这些人员的特点发现，他们平均年龄约为 30 岁，大多处于准备结婚或刚刚结婚的人生阶段，这个阶段生活的最大需求是住房。因此决定保留方案将围绕住房来设计。

解决住房有很多种方式，比如公司统一购房提供给符合条件的员工居住，到一定的服务年限，房产权则归员工个人；或由公司提供低息 / 无息贷款给员工购房，在一定年限内，从员工工资中逐月扣除等。但是因为公司的分支机构分散在全国 26 个城市，这些方式的管理难度很大，不易操作。最后决定以购房津贴的形式随月工资发放。

那么，购房津贴的金额是多少？什么时候发放？发多长时间？都是需要规划好的。首先设定目标住房的标准，即面积在90~100 平方米的多层单元套房，位于距离市中心 30 分钟车程的地段，按照这些标准在全国 26 个城市收集商品房的价格信息；同时统计不同城市中高级员工的现金收入，并和所在城市的房价进行分析比较，由此得到以下假设。

主管级员工服务 3 年、经理级服务 2 年后，其个人积蓄足以支付购房的首期款项；接下来以 5 年分期付款计算，月供楼的金额由个人节余和公司津贴共同承担。公司津贴平均占员工月工资的 20% 左右；5 年按揭期结束，需一次性交纳一笔尾款，同时需要装修费用，两项相加基本相当于一个员工的年收入额。根据以上分析数据，在所增加的预算得到批准的情况下，可以确定该项关键员工保留方案的基本要素：主管级服务满 3 年、经理级服务满 2 年，则可以向公司申请购房津贴；购房津贴为员工月工资的20%，每月随工资发放；自申请之日起，可连续享受 5 年；5 年结束时，员工可一次性获得相当于其当年年收入额的补贴。

实行这个方案后，预期可以较稳定地保留大部分关键员工7~8年，而后他们将步入中年，届时流失率将大大降低，原因有三：第一，家庭、子女的责任感会使他们对跳槽更慎重；第二，相对于一般管理职位，人力市场上能够提供的可以选择的高级管理职位空缺不多；第三，中年人对非经济性回报如社会地位、名誉等更看重，而这些恰恰是大公司所能满足的优势。

三、建立自助式薪酬体系

企业人力资源管理中的薪酬管理，往往是人力资源经理乃至企业的老总头疼的问题。企业薪酬的有效管理对内关系到整个企业人力成本的合理控制、员工整体满意度及企业内部管理的公平性等一系列问题；对外则关系到企业提高在市场上的地位，吸引更多优秀人才。

这里介绍一下近几年由美国密歇根大学 John ETropman 博士提出的一种全新薪酬思路：自助式薪酬体系。这是一种以员工为导向的薪酬制度，区别于传统的以企业为导向的薪酬体系。希望这种方案能对企业激励员工带来新的活力。

汇源果汁上海分公司的高层领导为感谢广大员工一年来的辛勤工作，特地准备了一项福利：为每一位员工准备了一个公文包。公司高层本以为广大员工会喜欢这一份礼物，没想到却收到了很多抱怨意见，有的高层经理说，我平时上班根本用不着公文包，发一个只好留在家里。尤其是广大女性员工更加反对，她们反对都用一样的包——"如果能给我一个热水器就好了，我正需要"。面对这种情况，公司的管理层陷入了沉思。

出现这种情况的症结在于公司福利物品与员工需求的脱节。公司没有注意到员工需求的多样性、层次性，忽视了员工的直接需要，力图以一种物品去适应众多员工的需要，这是这项福利失败的原因所在。可见，老总认为的美味未必适应员工的口味。旧的薪酬体系在很多时候已经失效，高薪未必留住你想要的人才，金钱刺激不再是唯一的手段。这时就到了考虑换一种思维去设计员工的薪酬的时候了。

所谓的自助式整体薪酬体系，是指企业在员工充分参与的基础上，建立每个员工不同的薪酬组合系统，并定期根据员工的兴趣爱好和需要的变化，作出相应的调整。这是一种具有自助式风格的薪酬体系，每个员工可以按照工作和个人生活的协调比率，决定自己的薪酬组合以及组合中各种薪酬的比率。

自助式整体薪酬体系具有很强的弹性，员工完全可以在企业给定的框架内根据个人的需求进行相应的调整与组合来建立起自己的薪酬系统，同时随着自己的兴趣爱好和需求的变化作出相应的变更。它适合于企业的全体员工，扩大了人们传统观念上的薪酬范围，并把它们组合在一起，让员工前所未有地享受到个性化薪酬体系所带来的愉悦。

首先，内在薪酬。内在薪酬是指那些给员工提供的不能以量化的货币形式表现的各种奖励价值。它是和外在薪酬相对而言的，是基于工作任务本身的薪酬，如对工作的成就感、受重视、有影响力、个人成长和富有价值的贡献等。事实上，对于知识型的员工，内在报酬和员工的工作满意感有相当之大的关系。因此，企业组织可以通过合理的内在薪酬，让员工从工作本身中得到最大的满足。

（1）个人晋升和发展机会。功成名就是很多人都具有的梦想，职位晋升一直是员工工作的动力之一。但是随着组织结构的扁平化，内部晋升的路线越来越短，高级职位的数目越来越少，员工晋升的机会也相应地减小，那么如何才能留住这些员工？不同的工作经历可以积累丰富的经验，企业可以根据员工个人需要给他们设计个性化的教育培训计划，核心员工对于企业提供的培训机会的重视已经超过对晋升的重视。

（2）生活质量。生活质量问题是传统薪酬体制中关注极少的问题。保持工作与生活的和谐平衡是当前员工特别是年轻一代的迫切要求。许多企业只考虑自己的经营情况，漠视员工的家庭生活，让员工超负荷工作（特别是女性员工，刚从公司下班回家，又要立刻紧张地投入到家务中，家务劳动已经成为她们的第二份工作）。从长远来看，这样是不利于员工激励与企业发展的。将这一因素注入自助式整体薪酬体系，要求企业重视员工的生活质量，增加员工工作的灵活性，方便他们的生活。通过雇佣双方的真诚沟通，进行有效的时间管理；完全可以做到既提高员工生活质量，又不降低企业的生产力。

（3）心理收入。对于心理收入，如果企业与员工互动得当，这将是一个双赢的结果。员工应告诉企业他需要什么样的工作与环境，而企业再根据实际情况对工作进行设计，并营造出适宜的管理环境，让员工能在岗位上愉快地、努力地工作，作出其理想的成绩，带来心理上的满足。

其次，外在薪酬。外在的激励与内在激励各自具有不同的功能。它们相互补充，缺一不可。在过去的计划经济体制下，我们只强调精神的作用而在物质报酬上吃大锅饭，很多企业确实伤害了员工的工作积极性。在市场经济的条件下，又往往忽视了精神方面的激励，一切都想用钱来解决问题，动辄扣奖金，同样会伤害员工的积极性。

基本工资对员工来讲是基本生活保障部分，传统观点认为这一部分的支出属于人工成本部分，但现在我们不仅把它看作成本，而且还应该看做一种实实在在的投资。

奖金可以以现金形式发放，也可以以股权形式发放。在高层管理者里还存在赠送股票期权。企业希望通过这部分薪酬将员工的利益和企业的利益结合起来，将员工的业绩和企业的业绩结合起来，使员工发挥出更大的潜能。

自助式薪酬极大地满足了员工的工资待遇需求，对于一般员工、个性化员工和核心员工都进行了兼顾。福利在本质上是属于薪酬的补充，而自助性福利则为员工弥补薪酬的缺陷提供了自我修正的方式。

自助性福利的最基本特点是：个性化与可选性。员工在规定的时间和现金范围内，有权按照自己的意愿组合自己的一揽子福利计划，他们享受的福利待遇将随着他们生活的改变而改变。自助性福利项目能够很好地满足人才的需求，在美国，领先的公司如甲骨文、波音和惠普，利用内部互联网和自助呼叫中心让员工自己管理和选择自己的福利方案。这一方面可以大大减少企业设计福利方案的繁杂任务，另一方面可以让员工自己选择更个性化的福利方案。

比如，有的员工愿意放弃医疗保险，因为他的爱人的医疗保险已将他包括在内，他可以用这部分福利工资去抵消购买汽车保险的支出。从而自助性福利能更有效地提高员工满意度、增强员工忠诚度。

自助性福利具有弹性。在上海的贝尔公司，它们的福利政策，始终随着人才市场及员工需要变化在改变。该公司员工平均年龄28岁，正值成家立业之年，购房置业是他们生活中首要考虑的问题。上海贝尔推出了无利息购房贷款，给员工在房价高涨之下的购房助一臂之力。而且员工工作满规定年限，此项贷款还可以减半偿还。

自助性福利的方式也在不断创新，除了让员工参加自身的福利设计以外，还可以按照员工的福利需要推出福利组合。其中包括健康咨询、心理咨询、健身运动、特色保险、购物卡、出国旅游，员工可以根据拥有的额度自由选择。

额外津贴是指某些人为一些特殊的企业工作，或者在企业界担任一个特殊的职务，因而有权接受的特殊优惠待遇。这是一种价值等同于现金的收入，因而受到员工的青睐。比如，购买本公司的产品可以享受的折扣优惠；可以带爱人参加公司组织的旅游等。

后　记

经过几个月的紧张忙碌，本书稿终于完成，即将付梓。

在本书的写作过程中，有幸得到包括叶福成、李捃君、丁桂菊、陈菲、周柳军、岳晓英、田巍、严莉燕、陈胜荣、杨弦、王冰心、王潇潇、王佳雯、陈耀等诸位亲朋好友给予我的多方面的贡献和帮助，本书得以出版有大家的功劳，特此表示衷心的谢意。谢谢你们！

同时，也特别感谢辽宁科学技术出版社的王实老师，他是本书的责任编辑，感谢他在出版过程中所付出的辛勤劳动，他的细心工作态度和敬业精神，让我钦佩。

最后，期待拙作得到各位读者的批评与指教，希望我在今后的研究、教学和写作之中得到改进。

韩大勇

2012 年春夏之交·天津

1.《一个职场老鸟的工作笔记》

作者: 王启榆
出版时间: 2011 年 8 月
定价: 25.80 元
ISBN: 9787538170030

　　资深的职场达人，职业生涯观察家，通过总结和提炼自己多年的职场心得笔记，精心锻造出的一本适合当今管理扁平化、资讯海量化、心态浮躁化时代的职场新人类，作为电脑边、马桶边和枕边的休闲读物。

2.《制胜职场：中国本土顶级 CEO 给职场新人的忠告》

作者: 廉小天
出版时间: 2011 年 8 月
定价: 34.80 元
ISBN: 9787538170023

　　十多位中国本土顶级经理人、创业家、老板们的选人、用人之道，值得年轻的职场新人，尤其 85 后们，读读，想想，聊聊。

3.《我行我素：亲手规划自己的事业地图》

作者：作者：（美）詹妮弗·雷明　乔·雷明
译者: 葛莉
出版时间: 2012 年 1 月
定价: 25.00
ISBN: 9787538171785

　　有读者评价这是一本很诚恳的励志书。用本书教给你的这套方法，你就可以重新认识自我，找到自己的真正梦想，并且获得更多的事业机会。本书包括很多各行各业成功人士的第一手故事，你一定会对何谓真正的成功有全新的认识，并获得极大启发。

您如果关注辽宁科学技术出版社官方微博，会有意外惊喜哦！O(∩_∩)O 哈哈 ~
地址：http://weibo.com/lnkj 或者新浪微博搜索 @ 辽宁科学技术出版社